U0056630

釋迦牟尼的藥箱

太瑞知見——著

瑞昇文化

前言——關於律

佛教二字可以解釋為「佛祖的教誨」，就如同字面上意義，釋迦牟尼所提倡的思想就是所謂的佛教。一般來說會認為這些想法應該會被記載於佛經當中，而事實也確實是如此，這些內容都有出現在佛經內文。但是除了佛經之外，釋迦牟尼的教誨也有被記錄在其他的書籍當中。

在詳細說明之前，首先要問各位是否聽說過「三藏法師」？大多數人腦中應該都會浮現西遊記中的那位三藏法師，就是那位與孫悟空、沙悟淨以及豬八戒一同踏上前往印度取經之旅的三藏法師。雖然說這是個杜撰的故事，但是這個人卻是真實存在的人物。他的名字是玄奘，是個活躍於西元七世紀時期的一名高僧。

而除了這位玄奘法師，其實還存在著好幾位人稱三藏法師的人物。像是在本書也有提及，完成經文翻譯，名為義淨的高僧，人稱三藏法師義淨。那是因為「三藏法師」的這個稱號，本身就是用來指稱精通「三藏」的一個名詞。

而所謂的三藏就是指「經藏」、「律藏」以及「論藏」。

三藏

經藏—釋迦牟尼說過的話。

律藏—釋迦牟尼訂下的規則。

論藏—釋迦牟尼弟子的解說書籍。

那麼「佛經」該歸在哪一類當中呢?沒錯,就是普遍為人所知的佛經之藏「經藏」佛經。不過釋迦牟尼想要傳達給世人的教誨,難道就只有經藏而已嗎?請再仔細觀察一下三藏的內容。應該不難注意到還有另一個分類,那就是釋迦牟尼所制定的規則—「律藏」。釋迦牟尼的言行教誨都有被記載在經藏與律藏當中。話雖如此,但普羅大眾對於律藏卻還是一知半解,這又是為什麼呢?

經藏也有記載著釋迦牟尼的教誨，而那些的確都是所謂的真理，而且是最真實的教誨內容。相較於此，律藏則是記載著所謂的「戒律」。「戒」是指必須自發性自律遵守的道德規範；而「律」則是團體生活中必須要遵守的生活準則以及佛教僧團（僧伽 samgha）的管理規則。一旦打破這些規則，就必須視情節嚴重程度來處以罰則。

戒律

戒──發自內心自發性地遵守，無罰則。

律──佛教僧團的生活準則以及管理規則，有罰則。

在律的內容當中記載了針對所有僧侶所制定的規定、生活準則、禁止事項和佛教僧團的管理規則，所有能夠被允許的事項以及可以服用的藥物、生活當中的行事方式等規章。律主要是出家僧侶所要遵守的規則，至於一般的信徒雖然要遵循戒，但不需要遵守律。因此律才會被認為與一般信徒沒多大的直接關聯性存在。

再加上律只會在佛教僧團中流傳，而不太會將這類訊息傳達給信徒知道。

釋迦牟尼所制定的律，就是在針對做壞事的僧侶所制定的規則（隨犯隨制）。釋迦牟尼因為考慮到對那些沒有犯罪的僧侶而言，先去制定罰則其實是很不好的做法，因此他才會決定要在首次出現某項罪行時，再來去制定出禁止此行為的規則。而且在制定律前，要是有人犯了某個罪行，當事人也不會因此受罰（但是事後要亡羊補牢）。

律的篇章當中除了記錄下做壞事的僧侶言行，也載明了釋迦牟尼在單一事件上所做出的回應舉動，以及為此制定了何種內容的規則。從中不但能一窺最真實的佛教僧團內部的互動情形，而且也忠實描述了釋迦牟尼在面對各種情況時的應對教誨方式。簡直可以說是一本述說佛教僧團的故事書，內容則是收錄了各式各樣不同的軼事情節。

這本書的內容是將很少被拿來討論的律作為主題，一一來向各位深入介紹在藥物、食物、公共衛生、生活模式等範疇中，釋迦牟尼所推崇的想法。

同時這本書也是將刊載於曹洞宗宗務廳所發行《禪友》中的「釋迦牟尼的藥箱」專欄內文，再增加大篇幅內容的集大成文章。採用散文風格，以篇章方式讓讀者方便閱讀，不論從哪一頁開始翻閱，都能立即進入主題當中。而為了讓各位能夠更深入的瞭解，並在卷末標明出處。但仍然還是有許多佛教僧團的悲喜交加物語未能收錄進來。

那麼接下來就讓我們乘坐時光機，回到二千五百年前釋迦牟尼所生活的那個時代，應該能夠從這當中挖掘出讓人意想不到的許多事實。

釋迦牟尼的藥箱

目次

藥物篇

flower

衛生篇

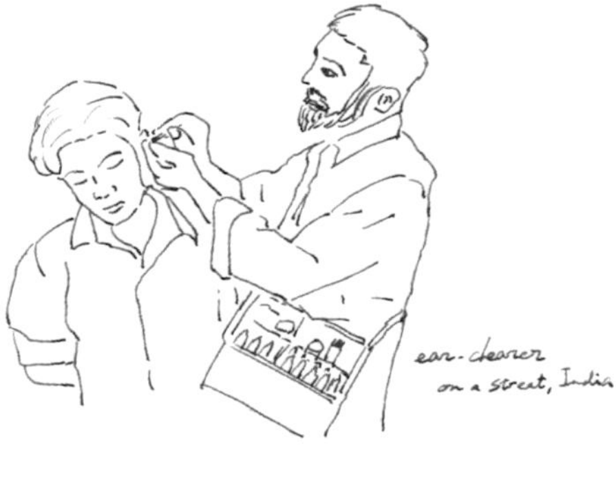
ear-cleaner
on a street, India

習慣篇

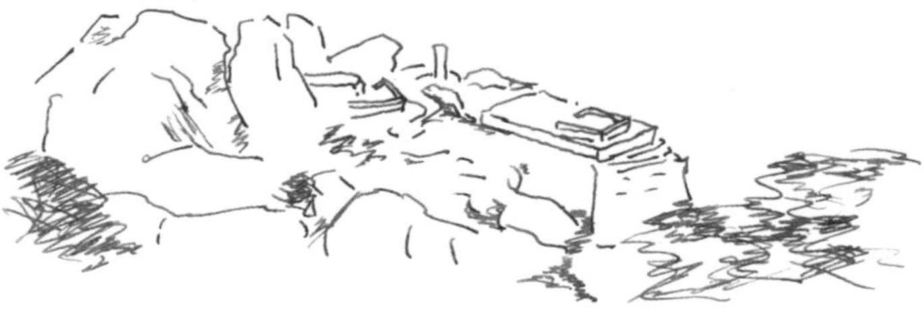
Gṛdhra-kūṭa, Rājagṛha

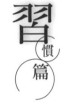

序文

在進入這本書的主題—釋迦牟尼推崇的藥物使用方式前，首先要簡單來介紹一下佛教僧團的生活模式。

佛教僧團的誕生與基礎生活準則

因為是釋迦牟尼第一次提出這樣的思考方式，這也讓出家成為其弟子的人數日漸增加。他認為集體的修行方式會帶來更好的成果，於是佛教僧團的形式就此誕生。之後隨著佛教僧侶團體的數量不斷攀升，這也使得有些僧侶開始對此產生焦慮感（註1），有的時候甚至會打亂佛教僧團的生活節奏。因此為了讓僧侶的日常修行生活過得更為順利平靜，而不得不制定各式各樣的規範，就是所謂的「戒律」。

其中出家的僧侶必須遵守的基本生活準稱為「四依」（註2）。四依是指關於衣食住的僧侶最低限度生活模式。但令人感到玩味的是，除了衣食住以外，還另外加入了藥物的部分。

四依

糞掃衣——（衣）身上穿著破布縫製的衣物。

乞食——（食）托缽獲得食物。

樹下坐——（住）坐在樹下，或者是住在樹下。

陳棄藥——（藥）使用牛尿發酵的藥物。

四依就是生活模式的準則，而如此簡樸的生活方式也的確讓人大感驚訝。起初的僧侶團似乎就是過著這樣模式的生活。

隨著信仰佛教的在家信徒的增加，就逐漸演變為信徒捐助物資，讓修行僧侶們得以過活的信仰習慣。除了提供食物以及贈與衣物，甚至還會捐贈精舍（僧侶團的住處、寺廟），其中最具代表性的就是祇園精舍。因此讓佛教僧團的生活環境有大幅度的改善，變化之大到了可以稱得上是舒適的狀態。當然也還是有遵循四依來生活的修行僧（稱為頭陀行者），在不違反律的範圍內，還是可以按照每個人的想法來選擇適合自己修行的環境。

此外，在一年中還有雨季集合至某個場所生活的雨安居，以及傳教與移動遊行的期間。但如果要一一探討這些生活模式，文章篇幅就必須大幅增加，在這裡就先來一窺一般佛教僧團的生活環境。

佛教僧團的生活環境

佛教僧團是靠著信徒的捐贈物資過活，捐贈的物資當中，除了有提供佛教僧團共用的物品之外，也包括有讓修行僧個人使用持有的物品。從日用品到食物、家具等，捐贈物資的範圍相當廣泛。

當中最貴重的捐贈物就是精舍，由於精舍必須讓許多的修行僧共同生活，因此還設有倉庫、大廳、食堂、水井飲水區、廁所與沐浴區等各式空間。睡覺的房間內也備有椅子、床鋪、床墊與枕頭。

衣服則是可分為內衣、上衣與大衣（重衣）的三個種類，依照天氣的變化來自行穿脫。尼僧除了這些衣物之外，還另外有沐浴用的外衣，以及覆蓋胸部的衣物。日常的用品則是被允許可以持有毛巾、床單、坐墊、剪裁用的小刀、剃髮的剃刀、裁縫用具、過濾水的用具、藥箱、蚊帳、掃帚、草鞋、拔毛鑷子、挖耳棒等。不過這些物品並非會幫每個人都準備好，只能算是需要使用的人才能使用的程度。

感覺上生活環境確實是相當一絲不苟，能夠這樣擁有可以專注於修行的環境，或許可以說是幸虧有信徒的捐贈才有如此完備的生活場所。因為信徒們對於辛苦修行的僧侶總是抱持著深遠的敬意。

那麼僧侶們的飲食方式又是如何呢？這個部分當然也是需要信徒的捐贈。大原則是「一天只吃一餐，而且要在中午前結束」，修行的僧侶必須在中午之前到大街上托缽，然後吃下所獲得的食物。

另外也有在家信徒的飲食捐贈，就是招待僧侶前往信徒家中，或是將食物運送至精舍，以分配方式讓僧侶飽餐一頓。在這樣的情況下，因為有一天只吃一餐的原則，因此不能同時進行托鉢進食以及捐贈食物進食。又因為不允許有自炊行為，所以只能從托鉢進食與信徒捐贈食物兩者選擇一種進食方式。不管怎麼說，獲得了信徒基於信仰所捐贈的食物，受到供養的僧侶們想必會更有精神地專注修行。

接著就要進入主題來好好介紹藥物的相關內容。

釋迦牟尼的藥箱內容物可分成四個種類

由於釋迦牟尼相當重視佛教僧團的環境衛生，所以他會針對洗手、漱口、刷牙、打掃到清洗衣物等各式生活中的活動都制定細部的規則。但畢竟是有許多人共同生活的環境，所以當然還是會出現健康有問題的修行僧。而釋迦牟尼則是會以溫柔的態度來對待這些生病的僧侶。雖然說佛教僧團是規定從下午開始就不能進食，但是這個規定套用在生病的僧侶身上還是有轉圜的空間。

這些生病的僧侶因為生病而體力衰弱，營養的攝取量當然會不足。修行的主要目的在於悟道，因此釋迦牟尼才會希望病痛纏身的身體能夠變得健康，所以他才會讓生病的僧侶免除嚴格的規定。而他的第一步就是打造出讓僧侶們能夠專心養病的一套流程。

觀察生病僧侶的狀態，且讓他們接受醫生的診療，除了陳棄藥以外，也允許他們使用其他許多的藥物種類，為了讓這些人恢復健康，他也會做出符合當下狀況的合理應對。

而律的內容中則是記載了許多釋迦牟尼認可的藥物種類，其中大部分都是針對各個病症的專屬處方。觀察修行僧的病徵並找出發病原因，有時候還會借助醫生的指示和協助，讓患者獲得適當的治療。除此之外，還會將藥物分門別類做介紹，簡直可以說是釋迦牟尼所推薦的藥箱清單。

釋迦牟尼藥箱內的藥物是依照律來做分類，因此內容多所不同，不過基本上可以分為四個種類（註3）。

時藥—必須在中午之前服用的藥物，正餐飲食。

非時藥—下午服用的藥用果汁。

七日藥—只能在七天時間內攝取的滋養食物。

盡壽藥—一輩子都能服用的良好藥物。

這當中很特別的是依照時間來做分類，以現代的概念來解釋，時藥就是藥膳飲食；非時藥是富含維他命的果汁；七日藥是調味料；而盡壽藥則是天然植物與礦物等藥物，也就是所謂的生藥。

這當中記載的許多藥物都被視為與印度的阿育吠陀醫學有一定的關聯性存在，以現代醫學的角度來看相當派得上用場。而釋迦牟尼對於佛典奧義的深入與其淵博的學識，以及綜觀八方的醫療概念都讓二千五百年後的我們大開眼界。

接著就讓我們來一窺釋迦牟尼的藥箱裡頭到底藏有什麼秘密吧！

關於本書中所提到的律

由於這部分內容的說明需要具備完整的專業知識，因此在這裡只針對律中所記載的相關書籍做簡單介紹。

回溯到釋迦牟尼逝世的那個時代，因為對於生活準則的解釋多所異同，因此佛教僧團便分裂成好幾個分支。首先分為「上座部」與「大眾部」，各自底下都擁有許多的小團體。上座部衍生出「說一切有部」、「法藏部」、「化地部」等；大眾部則是有「一說部」、「多聞部」等。分裂的佛教僧團將釋迦牟尼的教誨視為根基，並分別繼承不同的佛典。而在本書當中則是會提到好幾種的律的內容。

其中讓人感到困擾的是，由於律是由好幾種的語言寫成，隨著佛教的廣泛傳播，釋迦牟尼的教誨被翻譯成那個土地上的語言。在日本最為熟悉的佛經大多是由中文翻譯而成，那是因為在當時有人將釋迦牟尼的話翻為中文。為了要概觀律的整體內容，所以在此簡單介紹使用巴利語（Pāḷi）、中文、梵語（संस्कृतम्）、標準藏語（ལྷ་སའི་སྐད་）所撰寫而成的六種範例。

●巴利語

『**巴利律**（mahāvagga）』…上座部所流傳的律，現在則是有斯里蘭卡、泰國、緬甸、柬埔寨等南方佛教國家仍在使用。

●中文（按照翻譯年代排序）

『**十誦律**』…說一切有部流傳的律。

『**四分律**』…法藏部流傳的律。

『**摩訶僧祇律**』…大眾部流傳的律。

『**五分律**』…化地部流傳的律。

●中文、梵語、標準藏語共通

『**根本說一切有部律**（mūlasarvāstivāda-vinayavastu, ḥdul ba gzhi sman gyi gzhi）』…根本說一切有部律流傳的律。唯有這個律是能夠以三種語言閱讀。

釋迦牟尼的履歷表

※按照巴利語記載方式

以下內容是從記載釋迦牟尼一生事蹟的文獻中集結統整而成。他以釋迦族的王子身分出生，三十五歲時悟道，在經過四十五年時間的傳教活動後，八十歲時於旅行途中離開人世。

本名……〔姓〕喬達摩．〔名〕悉達多

喬達摩的意思是「最優越的牛」。

悉達多則是指「能夠達成目標的人」。

釋迦是所謂的「釋迦一族的人」。釋尊一詞則是「釋迦牟尼世尊」的省略尊稱，代表「釋迦族出身的聖者」。以佛教語言可解釋為「覺醒者、悟道真理者」。

出生地……現在尼泊爾南部的藍毗尼

出生年月日…存在各種說法，距今約二千五百年前

家族成員

父親……淨飯王（釋迦族的國王）

母親……摩耶夫人

養母……摩訶波闍波提（摩耶夫人的妹妹）

異母弟…難陀（後來出家）

妻子……耶輸陀羅

兒子……羅睺羅（後來出家）

堂弟……阿難陀（後出家擔任釋迦牟尼的侍者）

誕生　在藍毗尼出生

- 以釋迦族王子身分出生。
- 出生後沒多久生母摩耶夫人就逝世。
- 夫人的妹妹—摩訶波闍波提成為其養母。
- 冬天、夏天和雨季三個時期會居住在宮殿內。
- 因為具備王族身分而接受教育。
- 表現優秀，青春期跟一般人一樣有許多煩惱。

結婚　十六歲　在迦毘羅衛（古印度釋迦族首都）

- 結婚對象是耶輸陀羅。
- 長男—羅睺羅出生。

出家 二十九歲

・捨棄王子身分，決心離開王城出家。

・跟著聲名遠播的二名修道者修行，但仍是無法悟道。

・持續六年時間的苦行。

・靠著牧羊女史嘉達的奶粥供養而讓身體恢復健康。

修成正道 三十五歲 於印度菩提伽耶

・菩提樹下坐禪悟道。

初轉法輪 三十五歲 於鹿野苑（瓦拉納西）的鹿野園

・對著五比丘（最初的五位弟子）首次闡述自己的想法。

傳教活動 三十五～八十歲

每次去宣揚自己的想法就會吸引更多人出家（佛教僧團的誕生）。

〈主要的傳教場所〉

・摩揭陀（古印度，首都王舍城）

・頻毘娑羅皈依佛教（捐贈「竹林精舍」）。經常在靈鷲山說佛法。舍利弗、目犍連（目連）皈依佛教。

・拘薩羅國（古印度，首都舍衛城）

須達多（給孤獨）捐贈「祇園精舍」。波斯匿王皈依佛教。

・故鄉：迦毘羅衛

父親淨飯王與妻子耶輸陀羅皈依佛教。兒子羅睺羅、異母弟難陀、堂弟阿難陀、提婆達多等人出家。養母摩訶波闍波提的出家（首位的尼僧）。

＊之後的釋迦族則是遭到拘薩羅國迫害滅亡。

臨終 八十歲 於古印度拘尸那羅（拘尸那揭羅）

・前往迦毘羅衛，展開最後的傳教之旅。

・在旅途中的拘尸那羅的沙羅雙樹下入滅。

藥物篇

釋迦牟尼推薦的藥物

就是將釋迦牟尼所推薦的藥物依時間和使用部位來分類介紹。依時間分類的部分就如同序文所敘，可分為「時藥」、「非時藥」、「七日藥」與「盡壽藥」。當中的盡壽藥又可以按照使用部位分為「根藥」、「莖藥」、「葉藥」、「花藥」與「果實藥」等類型（註4）。這個篇章只會單純羅列出藥物種類，並不會載明應該在出現何種徵兆時使用，而是將佛教僧團可以使用的藥物，也就是從他們所使用的藥箱的庫存物當中，找出符合當下病徵的藥物處方。

這個章節主要是針對釋迦牟尼部分的藥箱內藥物所衍生出的各個情況來做介紹。其他像是印度傳統的阿育吠陀醫學處方例，以及西藏醫學、中醫、阿拉伯圈的優那尼醫學，甚至是在西方醫學中所顯現的效用等，都會盡量一併作說明。

一日一食？

佛教僧團的飲食規則是取決於愛吃的修行僧侶的食慾？

在禪修的道場上，飲食的名稱有別於我們一般的認知。早餐稱小食，午餐為中食，晚餐則是藥石。而且中食還必須要在中午前結束，到了藥石的時刻還不能發出任何聲響，要很安靜地進食。這跟我們一般在吃飯的樣子有很大的不同，但是會這麼做的背後，其實是有理由存在的。

由於在釋迦牟尼所生活的時代是禁止在下午吃任何東西，因此在正午到隔天的日出前的這個時段，都稱之為「非時」（註5）。這表示在這個時間內，除了非時藥（藥用果汁）以外，都不能吃任何食物。而之所以會有這樣的習慣，也有好幾個來源說法存在。

像是在夜晚托缽乞求的僧侶會被誤認為是鬼怪，可能會因此引起不小的騷動；又或者是有僧侶在街上欣賞表演，但卻在那裡進食而遭到民眾糾正，所以此後就演變為僧侶下午開始就禁止飲食的規定（註6）。

但是釋迦牟尼原本一開始並非是一天只吃一餐（註7）。

mendicant priests at Thai

在釋迦牟尼造訪舍衛城時，曾經說過這麼一段話：

「我一天只吃一餐，因此我得以帶著輕盈的身體安穩地過活。修行僧們，要不要也試試看一天只吃一餐？身體會變得輕巧，日子過得輕鬆多了。」

一位名叫巴特力的僧侶這麼說：

「釋迦牟尼，我沒辦法做到一天只吃一餐。要是早晚都不吃東西，那是要怎樣輕鬆過日子？」

釋迦牟尼這樣回答：

「那你就在早上托鉢時帶著兩個鉢去乞食。一個是『小食』，另一個作為『中食』，這樣你一天就能吃到二餐了。」

話雖如此，巴特力卻仍是表示自己「無法做到這個程度」。

而其他的修行僧則是遵照釋迦牟尼的教誨，只有巴特力無法接受（他之後也順從了這樣的做法）。

在修行道場上必須在中午以前吃完中食的由來，是因為在中午之後就無法進食，因此才需要在中午以前吃完東西。至於中午以前能夠分兩次進食的做法，或許可以說是巴特力堅持下的產物。那麼晚餐又該怎麼處理呢？這個時段就只能吃「藥石」，不能吃一般的食物，就是只能吃「藥」。因為只能吃藥，不能算是正常的飲食，所以才會……如此低調進行。

而一天只吃一餐的做法是否會對修行僧造成不好的影響呢？其實年輕的僧侶好像還是很容易在半夜感覺肚子餓，因而哭喊著想要吃東西。

所以說從旁人看來，要年紀未滿二十歲的修行僧過著這樣的生活，的確相當折磨人，因此才會衍生出不到二十歲不能出家的社會共識（註8）。

米

父親名字的由來，引導釋迦牟尼走上悟道之旅，緣分很深的穀物

些許乾燥的秋風襲來，臉頰感受到一絲寒意，結著金色稻穗的稻子，在風中安穩地晃動著，彷彿四周都開始響起了光線合奏的樂聲。水田隨著輕輕吹撫而來的微風擺動，景色甚是美好，望著窗外的田園風景，不禁讓人內心升起一股暖意。

生長在大約二千五百年前時代的釋迦牟尼，想必也曾看到過相同的情景，而感到內心一陣祥和吧！佛教僧侶身上所穿著的袈裟，據說也是取自於稻田景觀的靈感。

雖然說釋迦牟尼的時代是蒐集破布來縫製身上衣物，應該沒有像現在的袈裟那樣體面，不過利用四方形的布料縫製而成的袈裟，確實能夠讓人聯想到稻田小路的那個景象。充滿生命力的稻田設計，染上表示豐收的金黃色，看起來真的十分

新潮。

袈裟的別名為「福田衣」，字面上解釋就是生出幸福的稻田。和尚們能夠穿著代表幸福的稻田圖案專注來從事法事活動。

看來釋迦族的族人應該也跟我們一樣，對稻米感到相當親切吧！

釋迦牟尼的父親是淨飯王（巴利語為Suddhodana 首圖馱那，代表「乾淨的米飯」之意），他的名字靈感是來自於米。

此外，在釋迦牟尼頓悟前，有受到牧羊女史嘉達（註9）的奶粥供養，奶粥就是用米和羊奶熬成的粥。

我曾經在印度的尼連禪河附近的史嘉達村吃到這個奶粥，口感香醇甘甜，能夠讓身體內部整個暖和起來，是相當美味的粥。但可惜的是我在吃下粥後，並沒有達到悟道的境界……。

米在釋迦牟尼所推崇的藥物當中，是以藥膳之姿的「時藥」身分登場。因為「完整吸收白米的營養，就能讓身體恢復元氣」。作為東方人主食的米飯，對釋迦牟尼而言似乎也是相當熟悉的食物。這麼說來感覺又更進一步瞭解釋迦牟尼的飲食生活了！

那麼今天就用大份量的白飯來填飽肚子好了。因為怎麼說米飯都是釋迦牟尼父親名字由來的食物，而且也是引導釋迦牟尼走向悟道這條路上，具有一定功德的穀物，能夠讓身體湧出無限的純淨力量。

史嘉達奶粥食譜

二〇〇九年我在印度史嘉達村的飯店內所吃到的奶粥，因為實在太美味了，因此我還跟廚師詢問食譜。

＜材料＞三人份

米　100CC
砂糖　100CC
羊奶或牛奶　約1.6ℓ

可依照喜好添加少許果乾或是堅果。

＜作法＞

一、將奶倒入鍋中加熱。
二、放入果乾和堅果。
三、放入白米後蓋上鍋蓋。
四、煮沸五分鐘後放入砂糖。
五、小心不要溢出，不時攪拌持續加熱燉煮三十分鐘。
六、關火燜二十分鐘。

這樣就完成這道美味的奶粥，牛羊奶燉煮白米，然後再加入砂糖，沒想到這樣的料理能夠讓身體從裡到外都暖和起來，口中滿是會讓人上癮的甜味。

粥

具備調整膚質、說話方式、消化機能的效果!?粥裡頭蘊含的十項功德

吃東西對修行僧而言是微小的樂趣所在，他們要在太陽還沒有升起來的時候就起床，接著要坐禪念經和打掃，從一大早就在緊湊的時間內，使盡全力去善盡職責。等到身心都開始感到疲倦時，才終於能夠吃早上的「粥」，然後稍微喘口氣～。

修行中是以規則（稱為清規）為基準來行動，而在吃粥時當然也是有必須遵守的做法。

進食的時候要使用鐵缽，也就是塗黑外形優美的食器。這樣的食器是在適合的狀況來使用，但是要以有美感的方式來使用真的不容易。而進食的做法應該也不是那麼簡單，從器具的配置到餐巾的摺疊方式，以及竹筷袋子的摺法、竹筷和湯

匙的擺放角度都有規定。拿筷子要用兩手的大拇指和食指以及中指，而且在準備進食所需的用品時不能發出任何聲響。

萬一食器掉落而劃傷皮膚，那就闖大禍了，嚴重時甚至會因此被強制逐出寺廟。因此在拿取食器時，指尖的神經絕對要全神貫注。在配置好食器位置後，嘴巴還要唸著「SYUWUYUUJIRI‧NYOIANNJINN……」。

嘴裡唸著很像咒語的話，在向負責發放食物的人員詢問過後，粥才終於現身。

寒冷的冬日裡，粥就會是最佳的犒賞食物。在凍結的空氣當中，來上一碗熱騰騰的粥。眼鏡因為熱氣而起霧，還能夠讓凍僵的手指逐漸恢復知覺。原本因冷空氣而顫抖的身體就像是從內部湧起一股熱氣那樣。即便流著鼻水，還是能感受到粥在體內所帶來的暖流，這個瞬間真是無限美好。

至於聽起來像是咒語的語言，就跟佛經一樣有它的意義存在。之前提到的「SYUWUYUUJIRI」代表「粥有十利」，也就是「粥擁有十種功德」。

關於粥的十種功德，道元禪師在《赴粥飯法》有提到以下的說法。

一、改善整個人的氣色。
二、增加力氣。
三、長生。
四、感到身心舒暢。
五、說話方式變得圓滑。
六、去除未消化的食物。
七、調理體內的風（vata（註10））。
八、消除飢餓。
九、解喉嚨的渴。
十、大小便順暢。

看來粥真的是好處多多，沒想到粥還蘊含了這些功德，真不愧是了不起的粥大爺！那就趕緊來吃下熱呼呼的粥，讓身體感受到這十種功德吧！

八個種類的粥

《十誦律》內容有記載八個種類的粥（註11）。

一、**酥粥（奶油粥）**
二、**芝麻粥**
三、**油粥**
四、**奶粥**
五、**紅豆粥**
六、**摩沙豆粥（四季豆的粥）**
七、**麻子粥（加入麻子的粥）**
八、**清粥（白粥）**

種類相當豐富，讓人不得不注意到其中也包括有史嘉達所供養的「奶粥」。看來奶粥在當時應該算是相當普及的粥。

我在修行的那段時間則是會在法事活動時，吃下餅粥和表示祝賀之意的小豆粥。由於每天早上都是吃粥，有時候能夠變換種類就會感到很開心。

薑

東西方都適用，自古以來作為藥材使用，擁有雄厚實力的珍貴植物

外國人最熟悉的日文單字就是「sushi（壽司）」，以健康食物的形象在海外也相當受到歡迎，這就跟在外國的大都市很容易就能看到壽司店的門簾那樣，壽司儼然已成為國際級的日本食物。不過我認識的外國朋友們似乎都不是很能接受「醃漬薑片」。他們在不知情的狀況下就放入口中，但是卻在下一秒噘起嘴且雙頰脹紅，然後就是一陣開懷大笑。但對日本人而言，醃漬薑片是不可或缺的食物。在吃壽司的空檔吃下幾個薑片，接著再伸手夾向下個種類的壽司。醃漬薑片那清爽的辣味和酸甜口感，能夠有效去除口中的魚腥味，讓舌頭不會殘留上一道食物的味道。而且醃漬薑片還具有促進酵素分泌，以及強力的殺菌效果，所以說品嚐壽司時，醃漬薑片絕對是不可或缺的存在。

生薑也有出現在釋迦牟尼的藥箱中，不過當然不是以輔助食物的方式登場，而是相當強調以「盡壽藥」之姿活躍的薑的根部功效。就如同序文內容所提到的，盡壽藥是釋迦牟尼允許一輩子都能使用的藥物，對初期的佛教僧團而言，薑更是

Zingiber officinale Rosc.

Skt. आर्द्रक ārdraka

Tibet སྒེ་ཧུ་གསེར་ sge-hu gśer

漢譯 生薑

日本名 ショウガ

English ginger

(dry ginger)

Skt. शुण्ठी śuṇṭhī

Pāli siṅgivera

都能夠拿來使用的常備藥。在印度更是自古以來就把薑的根莖當做是保存食物和藥物來使用，印度傳統的阿育吠陀醫學則是會用薑來進行耳疾、鼻病以及聲帶的治療。

薑的民間療法相當為人所熟知，因為具備能夠讓身體變熱的效果，所以飲用薑泥加上砂糖的「薑湯」，也能夠達到怯寒預防感冒的功用。常聽人家說喝下溫熱的薑湯，讓身體盡情地流汗，這樣就能讓感冒痊癒。在我以前看過的美國電影中，有一幕是母親給有點發燒的小孩子喝下薑汁汽水，記得那時候我還在腦中微妙認定說「原來薑汁汽水就是所謂的薑湯」。

而且薑還能用在貼布上治療腰痛、肩頸痠痛以及燒燙傷，還可作為芳香性腸胃藥，能夠達到促進食慾的效果。生薑浴也能緩和身體的痠痛部位，感覺神清氣爽具備放鬆效果。在日本的《古事記》也有記載到使用薑的歷史相當悠久，看來不管是東西方世界，薑自古以來就是十分珍貴的藥材。

說到這，現在變得好想吃一道美味的薑料理，燉湯、炒青菜、薑燒豬肉……腦中不禁浮現各式各樣的薑料理。那麼晚上該吃哪道菜呢？

還是邀請外國人一起外出品嚐壽司好了，或許還能看到他們努力不想要輸給紅薑片，而滿臉通紅的模樣呢！

加熱後可提升暖身效果

被視為能提高體溫的超強食材而備受矚目的薑，主要還是鎖定其藥效功能，因為薑含有辛辣成分的薑辣素（gingerol）與薑烯酚（shogaol）。

相較於具有優越殺菌效果，還能促進身體末端與體表血液流動的薑辣素，薑烯酚的作用則是能夠幫助體內脂肪與醣質燃燒，而讓體溫升高。而薑辣素一但加熱後，則是會轉變為薑烯酚。

其實這與日本漢方藥當中的生薑與乾薑有關係，生薑經過乾燥後能有效預防感冒，至於經過蒸煮後乾燥的乾薑，則是能改善寒冷體質。

中醫有個說法是「體寒是萬病之源」，實際上只要提升一度體溫，就能提升約30％的免疫力以及12％的代謝率。因此請積極善用薑來預防感冒等疾病感染症狀，以及糖尿病等因為代謝功能低下而容易罹患的疾病。

胡椒

善於保存且氣味芳香的盡壽藥，有著超強功效的辛香料

引領歷史變動，具備如此華麗稱號的胡椒。現在雖然是在餐桌上隨處可見的辛香料，但是在以前可是相當高價的食物。在西元一世紀的羅馬，胡椒可是能夠換到相同重量的黃金和銀兩那樣的貴重。

胡椒在很多方面都有很傑出的表現，在這個冷藏技術十分發達的時代，胡椒儼然已成為長期保存食物的必需品，而且也是家庭料理中不可或缺的食材。由此看來，應該不難看出胡椒的味道與香氣，以及善於保存的各種優點。

而到了歐洲中世紀後，大街上飄散著各種臭味的同時，卻有一家露天店鋪，在一個角落擺放著高價值的胡椒。由於胡椒的價值高於其他辛香料有十倍之多，因此胡椒就不單純只是辛香料了。不久後，許多想要一夕發財的商人不斷湧入。在

這大航海時代也不乏許多船客，甚至是搭上破爛快要滲水的船隻，就是想要划動船槳渡海而來。他們的目的就是要渡過大西洋取得胡椒，目的地則是位在亞洲大陸的印度！

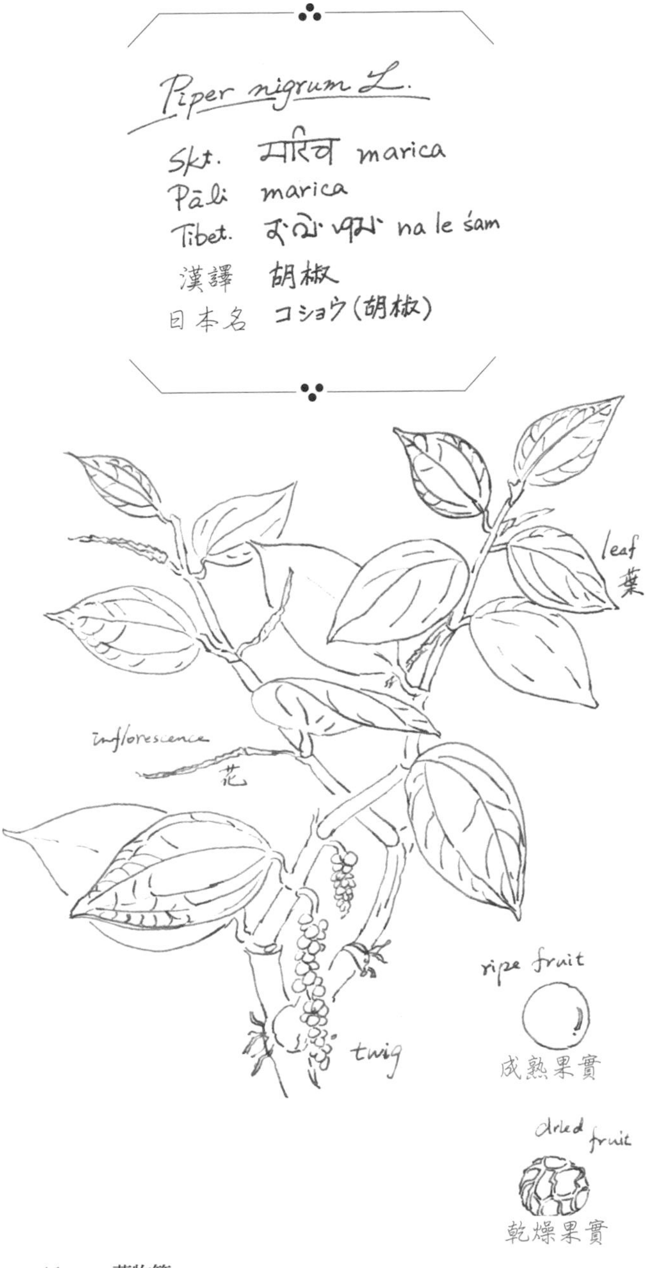

胡椒原產於南印度，早在西元前五〇〇年就開始被人類拿來使用。（同時間被尊稱為醫學之父的希波克拉底，也有留下有關胡椒藥效的書面記載資料）。印度的知名史詩《羅摩衍那》以及婆羅門教的聖書《阿闥婆吠陀》，也都有提及胡椒的文字相關記載。由此可知，有關胡椒的話題都是具有一定規模的事蹟。

此外，胡椒在釋迦牟尼的藥箱中則是被歸類為「盡壽藥」。他建議生病的修行僧可以服用胡椒的果實，不過我們比較熟悉的應該還是以胡椒粒的形式使用。

胡椒所含有的胡椒鹼（piperine），因為有抗菌、防腐、驅蟲功效，再加上藥用的表現出色，因此才會被當做是保存食物的有效物質。而且胡椒是不論是否患有疾病，或者是在任何時間，都可以使用的食物（註12），可說是例外中的例外。對佛教僧團而言，胡椒也是很特別的存在。

不過就如同先前所述，搭乘橫渡大西洋船隻的船客當中，也有人有重大的新發現。那就是義大利出生的探險家─哥倫布和他的夥伴們。在歷經相當多苦難的航海旅程後，這些人發現到的不是胡椒，而是美洲大陸！

因此胡椒真的可以說是改變世界歷史的植物。

胡椒鹼的辣味成分有刺激性辛辣效果

胡椒是經釋迦牟尼認可的盡壽藥，其主要的健康成分胡椒鹼是辣味的來源，從古到今許多的研究顯示，胡椒鹼具有改善體寒並促進營養吸收的作用。

胡椒鹼能提升身體的代謝率，在擴張血管讓血流順暢的加乘效果下，能有效改善體寒現象。其實在古印度的阿育吠陀醫學也有提到胡椒被稱為熱能產生營養素，具有脂肪燃燒與排放老廢物質淨化血管的功效。

此外，胡椒鹼也能促進血液中營養素的吸收，而阿育吠陀醫學則是為了要促進營養的吸收，所以有超過三分之二的傳統處方都會加入胡椒。如果想要攝取有辛辣成分的胡椒鹼，那麼建議各位可以選擇具有強烈刺激性的黑胡椒料理。

芝麻

印度相當出色的機能食材，在埃及成為美女所使用的美容液

「芝麻開門！」

這是在《阿里巴巴與四十大盜》中為人所熟知的經典台詞，因為唸起來很順口，所以小朋友經常都會脫口說出像是在唸咒語的這句話。

不過就在我向埃及的朋友這麼說之後，對方則是這麼表示：

「原文的阿拉伯語是 iftaḥ yā simsim，是很具有語感的一句話，但是為何翻成日文卻是『芝麻開門』啊？」

其實就是直譯啦！但是為什麼會是芝麻呢？

「那是因為芝麻的種子一擠壓就會全部都一起噴射出來，而且芝麻在古代是有『黃金樹』稱號的珍貴物種，因此會給人產生昂貴的芝麻一次全部飛射出來，然

後寶物就會突然出現在眼前的印象。」

沒想到還有這樣的聯想法啊，還真是相當有趣。

而在釋迦牟尼的藥箱裡，芝麻則是被歸類為「七日藥」。芝麻本身具備濃醇的風味，不但可以滋養身體，同時也是人們熟知能夠促進排便的食物。

再加上芝麻原產地為非洲，拉丁語名為「Sesamumindicum（名為『印度』的芝麻屬植物）」，所以是與印度很有淵源的食物。

西元前三千年摩亨佐—達羅（Mohenjo-daro）和哈拉帕（Harappa）遺跡也都有發現到芝麻的蹤跡。芝麻油在印度傳統的阿育吠陀醫學中也被列舉為其中一項最優秀的食物，而且現在也經常被使用在油壓按摩上，對美容有一定的效果存在。

「就連埃及豔后似乎也是將芝麻油當做美容液在使用呢！」

埃及的友人告知我這個新的情報。

「你知道圖坦卡門（Tutankhamun）的『黃金寶座』嗎？那個寶座的背面上畫有安赫塞娜蒙王后幫圖坦卡門塗上香料的圖畫，據說圖上的那個香料就是芝麻油。」

真的嗎？這樣看來芝麻真的很厲害耶！

「沒錯。芝麻本來就是高貴又美好的物種，但為什麼在日本總是用來形容『拍馬屁』、『蒙混過關』這類帶有否定意味的詞彙啊！」

嗯～只能說芝麻真的是一種充滿浪漫氛圍又神秘的植物。

強大的抗老化功效，持續吃就能成仙!?

自古以來芝麻的健康效果就為人所熟知，其成分有半數都是亞油酸、棕櫚酸、硬脂酸等油脂。芝麻也富含鈣質與維他命B，具有保持精神充沛的效果。

其實在記載健康與食物關係的中國古書《食經》中，就有提到想要成為長生不老不會死亡的仙人，必須攝取的食物當中就有芝麻。那是因為「芝麻能治療長年的舊疾，長時間服用能夠延長壽命，讓身體保持健康並防止老化」，具備相當優越的抗老化功效！

養身藥膳則是會運用黑芝麻來促進血液和體液的生成，這樣頭髮就會變得又黑又亮，慈禧太后就是透過食用黑芝麻來美髮美容，即使到了七十歲，卻連一根白頭髮也沒有。所以說為了達到美容效果，建議各位可以選擇攝取含有鐵質以及多酚的黑芝麻。

葉子笨重偽莖部構造直達『天際』的香蕉深奧之處在於……

香蕉

小時候所看到的夏季天空總是一片蔚藍。身上穿著白色的運動服，戴著棒球帽坐在緣廊上，一邊眺望著巨大的積雨雲，一邊將香蕉果汁一口氣喝光光。令人不禁懷念起那時嘴裡殘留的甜膩味道，以及會從下巴滑落的汗臭味。

在釋迦牟尼的藥箱裡，香蕉果汁也是其中的一項，是被歸類在下午以後能夠攝取的「非時藥（藥用果汁）」的推薦名單上。這樣感覺好像就不能夠冰鎮後馬上一飲而盡，不過我對於香蕉果汁居然是藥物的這件事，還蠻高興的。

香蕉在梵語中的名稱是「kadalī」，這個詞彙似乎是在雅利安人移居印度前，印度的原住民就已經使用的借用詞。看來香蕉的實用歷史還真的是很久遠，就連釋迦牟尼的時代也同樣會吃香蕉。

Musa paradisiaca L.

Skt. मोच moca
कदळी kadaḷī
कदली kadalī

Tibet. ཆུ་ཤིང chu ziṅ

漢譯 芭蕉. 毛者

日本名 バナナ

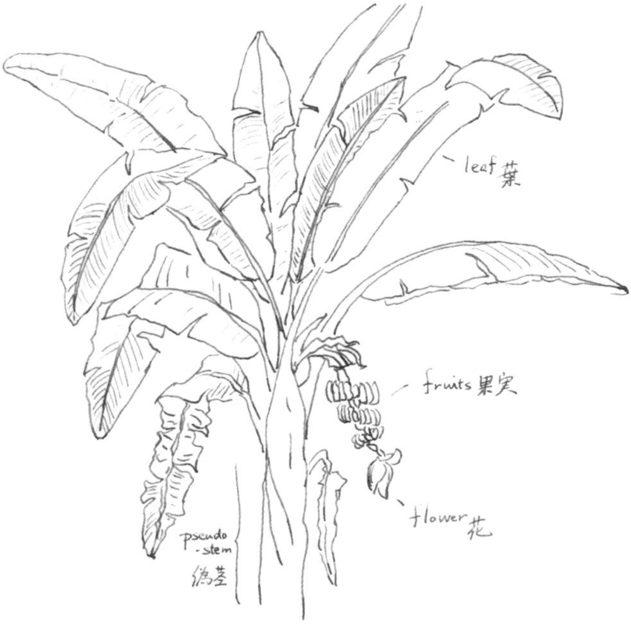

而在佛經內則是以梵語「moca」來表示香蕉一詞，音譯為「毛者」，中文翻譯則是「芭蕉」。沒錯，江戶時代的俳人——松尾芭蕉的名字由來就是這個「芭蕉」。沒想到那位時代偉大的俳人，到了現代就變成了「松尾香蕉」，是相當逗趣的稱呼。

不過各位是否有看過香蕉樹呢？外觀看起來還蠻有份量的，會向上竄升長到二〜十公尺高的程度。高聳在青空的香蕉樹，簡直就像是適合來上一杯熱帶飲料的南國風景。

但是那個程度能稱得上是樹嗎？因為香蕉是屬於多年草植物，所以說它的屬性是草！

外觀看起來像樹幹的部分，其實是質地很硬的樹葉堆疊而成，只是很像樹幹的樣子罷了。將葉子弄開，那個很像香蕉樹幹的部分（稱為偽莖部）就會消失不見。原來以為是香蕉樹的樹幹，其實根本就不存在！什麼!?這也太讓人感到驚嚇了吧！

像這樣「以為存在的部分其實不存在實體，就是所謂的『空』的狀態」，在佛經裡會以香蕉來比喻「空」的情境（註13）。而質地柔軟脆弱的香蕉，則是會被拿來比喻為優柔寡斷的修行心態。

看來香蕉不只美味，滋味也很深奧。

消除飢餓感也具備優越整腸作用的高度平衡性食材

在釋迦牟尼的時代，香蕉之所以能夠作為「非時藥」來服用，並且達到維持僧侶身體健康消除飢餓感的效果，就是因為香蕉的主要成分為醣質。

香蕉含有葡萄糖、果糖、蔗糖等不同種類的糖分，而這些糖分都會以不同的速度被身體消化吸收。如果當中有能夠立即轉換成能量的成分存在，就能夠被完整消化吸收，這樣就能達到消除飢餓感的效果。

此外，香蕉也含有水溶性與非水溶性的兩種食物纖維，因此具備出色的整腸功效。由於人體的免疫細胞有70％都集中在腸道部位，健康的腸道不但能避免便秘情況的發生，同時也是能夠左右抵擋病毒和細菌入侵的免疫能力的一大重點。另外香蕉的成分也富含能夠提升免疫力不可或缺的維他命A、C、E以及多酚。

薑黃

修行僧維持健康良方，衣物染色和殺菌的醒酒妙藥

Curcuma longa L.

梵語
हरिद्रा haridrā
वरवर्णिनी varavarṇinī

巴利語
haliddā

標準藏語
ཡུང་ yuṅ
ཡུང་བ་ yuṅ ba

漢譯 黄薑、姜黄

日本名 ウコン

每到春天櫻花開始綻放，腦中就會浮現于武陵的《勸酒》。

勸君金屈卮　我用金屈卮向你敬酒
滿酌不須辭　暢飲不需推辭
花發多風雨　花開了就會出現許多風雨
人生足別離　人生往往充滿別離

以下則是井伏鱒二有名的譯文。

接受這個酒杯
請務必大口喝酒
花朵就像是暴風雨一般
人生就是不斷在「道別離」

在櫻花樹下舉杯飲酒的人們，好心情如沐春風，欣賞著漫天飛舞的櫻花。不斷注入杯中的酒，好似照映出人生的那份虛無感。

看來不需要表現出高姿態，賞花時大口喝酒，好像也是不錯的選擇。

不過要是一不小心喝太多，薑黃（鬱金）這時候就派上用場了。因為薑黃中的

薑黃素成分能夠促進膽汁分泌，加速分解會造成宿醉原因的乙醛。

而薑黃的粉末因為是黃色到橘色，所以也能作為天然食用色素來使用。像是佛教僧團初期身上所穿的袈裟就是利用薑黃來染色。就是常在電視上看到穿著黃色，或是橘色衣服的東南亞和尚身上的那個顏色。

薑黃素因為具備殺菌功能，所以也能拿來保持衣物的衛生。利用使用已久的破布所縫製而成的袈裟，其實在衛生方面不是那麼乾淨。但是卻可以藉由薑黃染色方式來殺菌，還能讓原本看起來老舊的布料呈現鮮豔的色澤。這樣的使用方式不但合理又衛生，而且還很時尚。

所以說要是沒有薑黃，那麼僧侶的袈裟或許就會是截然不同的外觀吧。

而且薑黃的根部也是被釋迦牟尼深受推崇，被歸類為「盡壽藥」的藥材，不過當然不是主要用來治療宿醉的不適症狀。印度傳統的阿育吠陀醫學是將薑黃廣泛運用作為食慾不振、肝病以及糖尿病等病症的處方。

但是即便瞭解到薑黃的驚人效用，還是不能過度飲酒。因為「酒是百藥之長」，還是得把酒當做是藥一樣，要懂得控制用量。

黃色的薑黃素色素就是藥效發揮的主角

薑黃能活化膽汁的分泌，改善肝臟的機能，幫助分解酒精的酵素，避免出現飲酒後的不適症狀。

具備相當多健康效用，而聲名大噪的薑黃，其藥效發揮的主角薑黃素是帶著鮮豔些許紅色的黃色色素成分，其實是屬於擁有卓越抗氧化能力的其中一種多酚。

薑黃的別名是咖哩不可或缺的辛香料──「鬱金」，不但能提升食物的保存能力，而且也是讓料理更加美味的香料，據說在以前則是能和黃金以及寶石匹擬的貴重物品。

阿育吠陀醫學除了會把薑黃當做是胃藥、滋養品、血液淨化劑以外，也會用來作為治療皮膚病的外用藥。薑黃加入牛奶和砂糖後加熱煮沸的飲料，則是為人熟知的傳統感冒預防方式，在寒冷的季節裡請務必嘗試看看。

金黃耀眼的醍醐才是乳製品熟成與精製的最高境界

醍醐

夏天的夜空抬頭望向天上閃耀動人的銀河，如此有魅力的光帶，在希臘神話裡是以「牛奶環」來表示，英文則是稱之為「milky way」。這樣的景色的確是會讓人一直想抬頭仰望的美麗風景。

曹洞宗的開山鼻祖—道元禪師執筆的《正法眼藏》，其中有一個重要的卷次—「現成公案」的最後有下了這樣的一個結論。

佛家的風會讓大地的黃金出現在眼前，讓長河熟成如酥酪。

意思就是「佛教的教誨能讓大地變成黃金，而讓大河呈現熟成狀態的酥酪」。

大地會變成黃金，真的是相當不得了的比喻。

至於「熟成的酥酪」則又是怎樣的狀態呢？可以試著以數學符號來思考。

大地＝黃金

大河＝熟成的酥酪

所以說酥酪熟成的狀態就跟黃金一樣值錢囉？

這裡的「酥酪」是指乳製品，《涅槃經》有記載乳製品精製的過程是「乳→酪→生酥→熟酥→醍醐」。當乳製品熟成最後就會變成醍醐，因此醍醐為最終

製品，也就是最高級品。

然而這個醍醐在道元禪師相當活躍的鎌倉時代，卻沒有在日本出現過，可說是夢幻般的食物。中國的藥草書《本草綱目》，則是提到醍醐是由良質的「酥」所製成，而且製作出的份量只有原先的3～4％，感覺相當珍貴。實際上照著《本草綱目》的作法來製作看看，最後還真的出現金黃色的油狀物質（註14）。哇～而且醍醐真的是金色的，表示所有成分都濃縮在這精華當中了。

大河＝熟成酥酪＝醍醐（＝黃金）

最高級品的醍醐就滿溢在大河之中，也就是大河充滿了閃耀著黃金色光芒的乳製品，這又是一個極具水準的比喻法。這當中也代表了對佛祖教誨的尊敬之意。將釋迦牟尼的教誨放在心中，每當眺望著夏季的夜空，那麼天上的銀河就會幻化成不同的樣貌。看起來就像是熟成的牛奶環，你是否也有看到那閃亮的金色光芒呢？

喝牛奶的習慣是受到佛教影響？

日本人是在西元六世紀佛教傳來時，才開始出現喝牛奶的習慣。

在此之前，雖然日本人還是會吃牛等動物的肉，但是直到佛教不殺生的教誨廣傳後，天武天皇與聖武天皇，以及稱德天皇的時代都下令禁止吃肉。因此人們為了要補充身體所欠缺的蛋白質，才開始興起喝牛奶的風氣（註15）。

根據記載，日本第一位喝牛奶的人是孝德天皇（在位時間西元六四五～六五四年）（註16）。這位天皇因為覺得「牛奶是身體的良藥」，而感到喜出望外，因此便賜予推薦牛奶這個食物，名為善那的外國人「和藥使主」的這個姓氏。因此牛奶才會被當做是藥物來使用。

在這之後，日本也開始自己生產牛奶，並研發出牛奶的加工品，所頒布的大寶律令（西元七〇一年）則是明定官制的酪農（乳戶），這些人必須上繳牛奶和乳製品（註17）。

花蜜

靠著人的雙手採集的花蜜，甜味傳達了最真實的待客之情

到中東旅行總是會看到人們手上一杯香甜的紅茶，不論是在大街上，還是在自家，到處都可以看到紅茶的蹤跡。我前往的土耳其店家，則是有一位留著八字鬍態度親切的阿拉伯裔大哥，朝著我的小玻璃杯倒著熱紅茶。接著再加入份量多到無法相信的砂糖，口中說著「請慢用」。我的眼前擺放著一杯已經達飽和狀態，不，應該說是多到無法溶解的砂糖沉入杯底的紅茶。我帶著有點害怕的情緒喝了一口，瞬間直衝腦門的那股甜味，我只記得那股甜膩感，讓我當時感到一陣頭昏。「味道很好，但是真的好甜！」我這麼表示，然後對方對我眨眼說「我們是以甜味來表示待客之情」。看來這家店十分歡迎我，這不禁讓我又再次感到一陣暈眩。

接下來換個地點來到斯里蘭卡，在這裡我學到了珍貴的沖泡紅茶方式。就是將固體的糖塊放入口中，然後直接喝紅茶。不是將砂糖放入紅茶等待溶解，而是把糖塊放入嘴裡，一邊讓糖融化接著喝紅茶。我相當喜歡這樣的喝紅茶方式，因為

梵語
शर्करा śarkarā

標準藏語
ཤ་ཁ་ར śa kha ra

漢譯
石蜜

日本名
花蜜

香氣逼人的紅茶整個被嘴裡的糖塊包覆住，能夠感受到那股香甜溫潤的口感進入喉嚨——。想像一下，就是將固體的黑糖塊含在嘴裡，接著喝下紅茶的樣子。問了其他人才知道，這個糖塊其實是將椰子的花所採集的花蜜熬煮出的固體糖。所以跟蜜蜂所採集的花蜜嚐起來味道才會有如此大的差異。

花朵所分泌出的糖蜜統稱為「花蜜」，這個花蜜在釋迦牟尼的藥箱裡是被記載為「七日藥」。當時會從各種植物採集花蜜，在《摩訶僧祇律》（註18）的內容則是有介紹到槃拕蜜、那羅蜜、縵闍蜜、摩訶毘梨蜜的四個種類的花蜜（但是很遺憾卻沒有記載分別是從什麼花所採集的花蜜）。生病的修行僧吃下一大口有滋養效用的花蜜，體力就能完全恢復。所以說我不應該對很甜的紅茶提出質疑，對吧？

此外，要是有地位崇高的和尚造訪禪寺，廟方會端出「熱蜜茶」招待。這是將蜂蜜加入熱水的飲料（這個熱蜜茶原本就是加入從天然植物所採集的糖蜜）。然後搭配上備有筷子的酸梅恭敬地端上桌。考慮到遠道而來的客人，會因為一路上流汗而感到疲憊，所以才會準備甜的飲料來補充鹽分。這不也是想要好好招待客人的表現嗎？所以實在不應該把焦點放在甜度上。

因為即便是在不同的地方，甜的飲料都是代表那份「待客之情」，但還是希望甜度能夠有所控制啦！

利用花蜜來舒緩旅行疲倦感

這是發生在當釋迦牟尼與一千二百五十人的僧侶，一起從王舍城前往毗舍離遊行（移動）時候的事（註19）。

此時有一位名為象行的長者則是想要從毗舍離回到王舍城。這名長者從很遠的地方就注意到釋迦牟尼一行人，他被釋迦牟尼那神聖的姿態所感動，於是他便提出願意提供石蜜（花蜜的一種）作為供養食的想法。

而釋迦牟尼則是向他承諾每位僧侶都能夠將石蜜作為供養食。而且釋迦牟尼也向這位長者表達感謝，據說長者還因此感到十分開心。

至於僧侶所收下的石蜜，釋迦牟尼向僧侶們表示「這要在空腹的時候吃，口渴時用水稀釋後再喝」，把這個石蜜當做是遊行時的營養補給品。

看來花蜜的確很適合用來舒緩旅行中的疲倦感，說不定禪寺會端出熱蜜茶招待的做法也是源自於此。

紅棗

不論是食用或是藥用，在印度和中國都是珍貴的果實

釋迦牟尼列出的「非時藥（藥用果汁）」名單當中，居然還有可樂。不過這個可樂並不是某品牌的碳酸飲料「cola」。而是有一字之隔的梵語「kola」。這個「kola」所指的是「紅棗」。釋迦牟尼認為紅棗汁可以在下午飲用，他會對身體不適的僧侶，以溫柔的口氣表示：「喝下紅棗汁

Zizyphus jujuba

梵語

कोल kola

標準藏語

རྒྱ་ཤུག rgya śug

漢譯　孤洛迦、酸棗

和名　ナツメ

然後下午好好休息。」我現在腦中正浮現那個會讓人不禁浮起微笑的情景。

紅棗對於強健體魄和食慾不振、穩定精神相當有效果。紅棗在印度的阿育吠陀和西藏醫學、中醫都是自古以來作為藥用而來使用的植物。中國最早的《神農本草經》是將其稱為「大棗」（果實）與「酸棗」（種子），而日本最古老的藥草辭典《本草和名》則是以「大棗，和名於保奈都女」方式來記載。

而且紅棗的食用歷史也相當悠

久。最早是印度河流域文明的時代就開始食用，在哈拉帕遺跡也有挖掘出用紅棗樹的樹枝做成的研磨缽。因為是使用紅棗樹的樹枝做成所以相當堅固，也會拿來放置物品。而在日本也有名稱為「棗」的泡茶器具，其實就是放置抹茶的塗漆容器。那是因為容器外型跟紅棗果實相似，所以才會有這樣的名稱。

在日本紅棗是從奈良時代以前就已經傳入，《萬葉集》則是有以此為主題的詠詩。紅棗從很久以前就進入到世界各地的人們生活當中，應該算是我們相當熟悉的植物。

而且紅棗的葉子還有一個十分有趣的特徵，那就是咬一口舌頭就會無法感覺到甜味。那是因為葉子的成分將舌頭上能夠感覺甜味的感應部位給關起來了。紅棗的果實則是帶有些許的酸味，雖然很甜很好吃，但是卻是如果不小心先咬到葉子再吃果實，就會無法感覺到甜味的奇妙植物。所以說在食用的時候要特別注意先後順序。

將紅棗的「棗」字當中的「朿」字橫向排列就會變成是「棘」字。而紅棗的樹枝上其實就長有「荊棘」。所以說「荊棘道路」或許不是指薔薇，而是指長滿紅棗的道路也說不定，不過前提是前方的森林要有沉睡的美女……等到沉睡百年的公主醒來後，兩人不妨就以可樂（紅棗汁）乾杯慶祝吧！

楊貴妃的抗老美膚食物來源

「一日食三棗，終生不顯老。」

這句話是中國的俗語，意思是「只要每天吃三顆紅棗，就不會變老」。有名的絕世美女楊貴妃據說之所以可以維持皮膚的細緻白嫩，就是因為她常常吃紅棗。

紅棗富含鉀、鈣、鎂等維生素以及食物纖維，鉀可以幫助胃和肝臟排出老舊廢物，食物纖維則是預防便祕不可或缺的營養素。

另一方面，中醫則是會將乾燥的紅棗果實稱為大棗，經常用來恢復腸胃功能以及舒緩因緊張而產生的疼痛。

此外，紅棗還具有暖化身體以及利尿功能，一旦腸胃功能和血液循環變好，就能有效排出體內毒素，再加上驚人的利尿效果，絕對可以稱得上是卓越的排毒食材。

葡萄

「這是基督的血。」

留著白花花鬍子的神父親手將極具設計感的銀杯交到信徒的手上，每個人都安靜地淺嚐杯中之物。

我因為經常會去參加基督教等或是日本原始宗教等，各式各樣與信徒對談的聚會，因此我才真正親眼見識到基督教彌撒活動上的參拜聖主儀式，那時候真的感到十分驚訝。每個人都喝了一小口杯中的葡萄酒，然後就將酒杯傳遞給下一個人。整個活動過程相當平靜，充滿著崇敬的氣氛。如此小心翼翼對待聖杯的方式，不禁會讓人聯想起茶道活動時要先將濃茶在手上轉好幾圈的手部動作。

即使經過二千年的時間，葡萄酒仍然被視為是以基督的血以及信仰的象徵，而

被使用在彌撒活動上。而那些並非基督教徒的禪僧，當然不可能會將酒杯交到我手上。

葡萄的栽種歷史相當久遠，有一說法是源自於西元前三千年以前，

Vitis vinifera L.

梵語
मृद्वीका mṛdvīkā

標準藏語
རྐུན་འབྲུ rkun ḥbru

漢譯：蒲萄·蔑栗墜

和名：ヨーロッパ ブドウ

在地中海東部就開始種植。古代美索不達米亞文明的楔形文字也有留下葡萄相關的紀錄，從那個時候開始，閃米特人就將葡萄朝西推廣至埃及地區，然後再由雅利安人向東傳播並在印度地區廣為流傳。

葡萄是只要土地條件適合，便能以插枝方式種植，因此在大航海時代就向外流傳至全世界。而在日本據說是奈良時代的行基菩薩，因為將其作為藥材而開始栽種，那個品種就是甲府葡萄。我很喜歡的甲府葡萄酒，原來就是從行基菩薩流傳下來的種子所栽種而釀造出的酒啊！那麼我下次喝葡萄酒時，要帶著尊敬之意來好好品嚐一番。

到了釋迦牟尼的時代，葡萄的栽種已經是相當普遍，因此在釋迦牟尼的藥箱當中，葡萄汁也出現在名單上。葡萄汁是屬於下午可以攝取的「非時藥（藥用果汁）」，對生病的修行僧在身體的調養上很有幫助。

但其實葡萄本身也能拿來作為藥材使用，印度傳統的阿育吠陀醫學就把葡萄視為其中一樣最優秀的果實，阿拉伯地區的優那尼醫學則是將葡萄當做是有用的植物。而且在歐洲葡萄的學名就是「Vitis vinifera」，Vitis 在拉丁文是代表「人生、生命」意思的 vitis 一詞的語源。看來從古代就已經知道葡萄能夠為我們的人生帶來活力呢！

那麼就讓我就帶著腦袋裡所浮現的古早時代回憶來品嚐杯中的葡萄酒吧！感覺體內還真的是燃起滿滿的活力呢！

蘊含滿滿生命能量的水果之王

在印度傳統的阿育吠陀醫學將葡萄視為水果之王，理由是富含「活力」的生命能量，而且具備優越的火行能量調節作用。

由於在阿育吠陀醫學中是以風（Vata）、火（Pitta）、土（Kapha）的三個種類平衡來決定體質和身體狀態，而健康管理的重點就在於如何讓這三個能量保持平衡。

因此只要攝取葡萄，就等於是吃下了能夠獲得滿滿活力的當季水果，不過要注意的是不要冷藏，最好是在常溫之下食用。

據說在飯前或是空腹時食用，還能調整體內的風、火狀態，有效提升消化能力。沒有硬性規定一定要吃果實部分，百分之百的純葡萄汁也是不錯的選擇。

餘甘子

促進毛髮生長保養，有效滋養強壯身體的抗老特效果實

日本有個很有名的傳說是「回春水」。

「從前從前有一個老先生在山林間迷路了，他喝下剛好看到的泉水，然後原本疲憊不堪的身體開始變得精神奕奕。後來他總算找到了回家的路，他的妻子感覺不對勁問他說：『發生了什麼事？』，因為喝下泉水的老先生居然回春變年輕了。」

日本在平成二十六年（二〇一四年）發表了STAP多能幹細胞的報告，連帶讓「是否能研發出回春藥物？」造成一股話題。但隨著論文遭撤回，這也表示STAP多能幹細胞的證明不具公信力，並否定其存在的可能性。釋迦牟尼出家的動機是參透了「生、老、病、死」的問題，但要是真的有辦法可以回春，那麼「衰

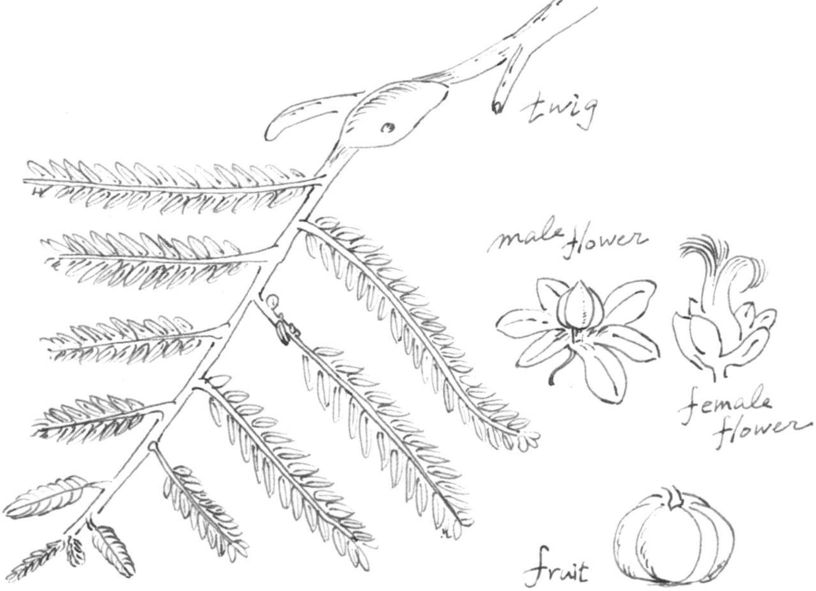

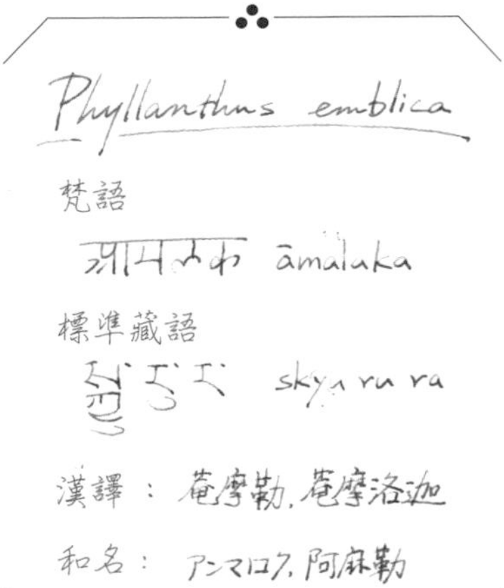

老」的問題就能夠獲得解決。我當時對這則新聞十分感興趣，但是結果卻不盡人意。

說到餘甘子的這個植物，它在釋迦牟尼的藥箱中，果實是被用來當做「盡壽藥」使用，它同時也是其中一種最具抗老化效果的植物，可有效延緩老化速度。雖然不能達到回春的境界，但也算是抗老化的特效藥。

日本是在奈良時代將其作為促進毛髮生長以及增壽的藥材來使用，以「阿麻勒」之名而普遍為人所熟知，而且當時的實物現在還保存在正倉院內。十六世紀中國的藥學書《本草綱目》則是將其以「庵摩勒」之名來記載，表示「將庵摩勒擦在頭上能讓頭髮變得烏黑，長時間服用身體會變得輕盈，達到延年益壽的效果」。

看來餘甘子的確是具備抗老化功效。印度現在則是普遍將餘甘子作為增毛劑來使用，頭髮會變得烏黑柔順，讓整個人看起更顯年輕。多虧了餘甘子，而讓印度女人能擁有一頭亮澤黑髮。

而一開始提到的那個傳說，其實還有後續故事在。

老婆婆因為很羨慕老先生變年輕，所以她自己也去尋找泉水，但是之後她卻遲遲沒有回家。很擔心的老先生決定上山去找老婆婆，但是在泉水湧出的地方卻沒有看到對方，只看到一個正在哭泣的小嬰兒。因為老婆婆太貪心，一不小心喝下太多的泉水，最後回春變成了小嬰兒。

正倉院內的藥物任何人都可以使用？

據說是光明皇后下令建造了「施藥院」和「悲田院」，她真是個慈悲為懷的上位者。正倉院供奉了六十種珍貴的藥材，還註明「有需要的人都可以使用」（註20）。

因此有文獻記載當時真的有擁有最高權力的人，因為有需要還真的將正倉院的藥物帶走。

根據記載，像是沒有被登記的藥物香木「黃熟香」，就有室町幕府八代將軍足利義政、織田信長和明治天皇都有拿過切割的部分黃熟香（註21）。

黃熟香是擁有別名「蘭奢待」雅號的香木，它本身會飄散出難以想像的濃郁香味（而「蘭奢待」這幾個漢字，其實分別隱藏著東大寺的這三個漢字）。

餘甘子也是正倉院所供奉的其中一種藥物，曾經被許多擁有大權的人物給拿出來使用，現在則是還保留有二十多個切割後的遺留物。

蓮花

蓮花是佛教象徵且為萬物起源，絕對有資格作為藥物使用

在神話裡經常會出現創造天地的故事。

從黑暗與混沌中誕生的宇宙，因為創造者的一聲而有光線出現，然後規模壯大的世界隨之誕生。

其他說法則有從蛋裡出生、真水與海水混雜而誕生、兩個太陽合而為一、巨人劃破黑暗讓光線透進來，或是世界從巨人的身體誕生、男女各自因為不足部分和多出來的部分合而為一而創造出一個島——，還真的是存在各式各樣的聯想，而且都是相當突發奇想的故事情節。即便從宇宙大爆炸理論探詢宇宙的起源，雖然仍是充斥許多模不著邊際的理論，但是從神話的角度看來，這個世界的成立，簡直就是充滿驚訝與誘惑的一部小說。

其中印度的知名史詩《摩訶婆羅多》裡的天地創造故事，則是給人們留下深刻的印象。從毗濕奴肚臍長出蓮花，然後從蓮花裡誕生了梵天，接著產生出天地萬物。

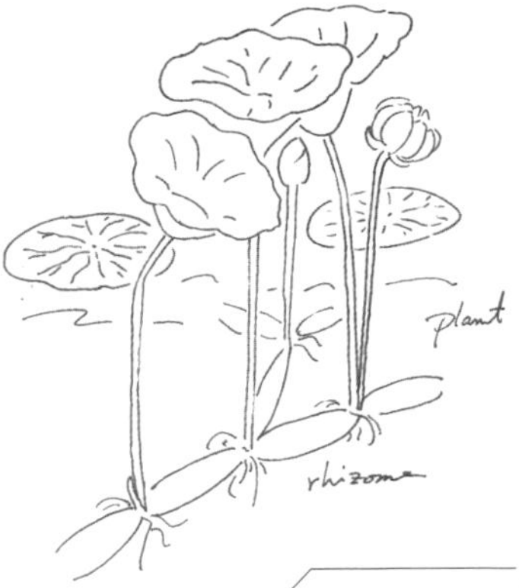

Nelumbo nucifera

梵語
पद्म padma

標準藏語
པད་མ pad ma

漢譯　蓮

和譯　ハス, 蓮

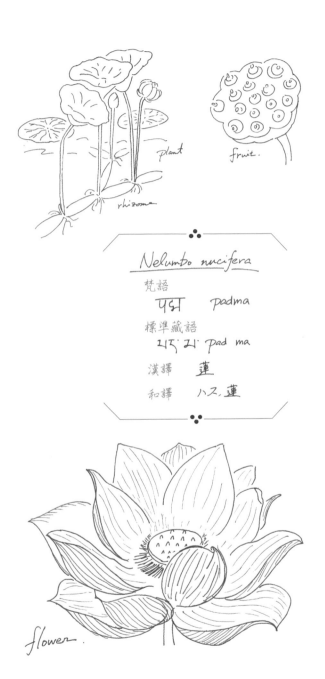

什麼？肚臍長出蓮花，蓮花生出梵天？這真的是很讓人意外的故事走向。不過這裡其實值得注意的是將蓮花作為萬物起源的這個論點，所以蓮花才會成為佛教象徵。

根部生長在水中，水面上呈現優美姿態的蓮花，就像是純粹一心向佛的修行者。尤其是生長在汙泥之中，卻還是能綻放出美麗的花朵，蓮花的葉子則有不會吸水的特質，因此才會被世俗拿來比喻成出汙泥而不染的執著態度。

再加上蓮花也很常與佛像作聯結，像是佛祖和菩薩所乘坐的蓮花台，以及手持蓮花的菩薩。《妙法蓮華經》這本佛經也是以蓮華（蓮花）為名，蓮花應該可以說是佛教當中最熟悉的植物了。

而釋迦牟尼藥箱裡的「盡壽藥」則是也有將蓮花的花瓣列入。阿育吠陀認為蓮花的花瓣能有效治療腹瀉、霍亂、肝病，而花瓣分泌出的汁液，則是有解熱、止血、利尿等效果。而且蓮花不只有花瓣，葉子、種子、果實、根等部位全都可以作為藥材使用。

說到蓮花的花瓣，還有一則軼事是說在釋迦牟尼悟道後，他每走一步的足跡就會生出蓮花。看來蓮花的力量確實是很強大，畢竟是創造世界的植物，也因此延伸出許多讓人大呼驚奇的故事。

花瓣、葉子、果實、根部全都可以作為生藥的全能植物

蓮花的根部就是我們相當熟悉的食材蓮藕，除了富含纖維質以外，其黏稠成分黏液素能有效保護黏膜與促進消化功能。

此外，蓮花還擁有其中一種多酚的鞣酸，有報告指出此成分能改善花粉症不適症狀，因而深受矚目。

中醫則是將蓮花從花瓣到根部都取了各種名稱，而各個部位的功效也都不同。

舉例來說蓮花的果實稱為「蓮子」，具有滋養體魄以及安定情緒的作用，在粥裡放入蓮子的藥膳蓮子粥也相當有名。蓮花上連接果實的花萼部分則稱為「蓮房」，用來調理生理不順等女性疾病，而雄蕊「蓮鬚」則用來治療遺精、多尿症狀。

蓮花的葉子「蓮葉（荷葉）」則是最適合拿來泡茶飲用，可有效改善便秘與促進血液循環。看來這個創造世界的蓮花的確沒有枉費其全能植物的稱號。

菖蒲

如長劍般的葉子與根部會散發出香味，能趕走疾病等邪氣！

在五月晴空悠然游泳的鯉魚旗，長長的尾巴正反面晃動，彷彿是順著自由的風在舞動著，難以預測動向的風，穿過了菖蒲園內垂直向上的綠意，緩慢流動的空氣不知要往何處去。靜下心來深呼吸，感覺五月的風和菖蒲的香氣從鼻子流竄至全身，在菖蒲花盛開的五月外出散步整個人神清氣爽，真是個讓人感到身心舒暢的季節。

菖蒲在釋迦牟尼的藥箱裡是被歸類為「盡壽藥」，相當推崇將菖蒲的根部作為藥材使用。菖蒲根在印度傳統的阿育吠陀醫學也是經常被拿來使用的藥材，鼻子吸入菖蒲根的粉末，能改善鼻子不適症狀和達到止咳效果。還能提升記憶力，還具有保養聲帶的效用。菖蒲的根莖部則是中國最古老的藥草書《神農本草經》也有記載的知名藥材。此外，歐洲也會將菖蒲用來當做是民間流傳的芳香性健胃藥，菖蒲根從以前就是世界知名的藥材。

Acorus calamus L.

梵語	巴利語
वचा	vacā

標準藏語

ཤུ་དག śu dag

漢譯　菖蒲

日本名　ショウブ

各位應該知道菖蒲的葉子長的很像長劍吧？外觀看起來就像是一把垂直的劍。就連中國六朝時代的醫藥學者—陶弘景也曾表示：「真正的菖蒲會長出跟劍刃一樣尖銳的葉子」（註22）。事實上真的是如此，菖蒲的葉子簡直就是閃亮的劍刃。有一個跟菖蒲有關的傳說，那就是一個被妖怪婆婆追著跑的年輕人，逃到一個長滿菖蒲的地方，但是因為妖怪婆婆很害怕長得跟劍一樣銳利的菖蒲，所以就沒有再繼續追下去了，所以年輕人因此得救的故事。從此之後，菖蒲是否能夠驅魔的討論就開始盛行……請試著想像一下，菖蒲園內的菖蒲葉整個都變成長劍的樣子……那真的是很可怕的地獄啊！一大堆的地獄之劍林立，也難怪妖怪婆婆會害怕到轉身落跑了。

菖蒲是能夠幫五月添加色彩的代表性植物，因此在端午節經常被拿來當做素材使用。其中最有名的就是在泡澡時放入菖蒲葉的習慣—菖蒲浴。雖然外觀看來尖銳，但其實背面會緩緩散發讓人感到舒服的香氣。菖蒲浴不但能去除厄運，還能祈求得勝，自古以來就與日本人的生活密不可分。還有將菖蒲葉綁在頭上，可以變聰明。我在小時候也會在端午節時頭上綁著菖蒲葉然後外出遊玩。

不過由於我現在變成了光頭，十分危險所以就不能再綁著菖蒲葉了。再怎麼說菖蒲的葉子就跟長劍一樣，要是讓我光滑的頭部流血，就會呈現一副猶如身在地獄的血流滿面模樣。

香氣具有藥效，菖蒲浴能有效改善痠痛和虛寒體質！

在日本已經是根深柢固習慣的菖蒲浴，其實具有緩和神經痛、風濕性關節炎、肌肉痠痛，以及改善虛寒體質的效果。

會有這樣的效果要歸功於菖蒲當中精油成分的細辛醚、丁香酚發揮作用，而這兩種成分也是散發出香味的主要原因。皮膚吸收了這兩種成分後，就可以促進血液循環，進而達到鎮痛和改善虛寒體質的效果。

至於作為漢方藥來使用的菖蒲根，則是指將根部鬚根去除乾燥後的樣子。菖蒲根會散發出強烈的香氣且品質卓越，如果對藥效有所期待，建議各位可以使用富含香味成分的根部。

話雖如此，但是一般家庭卻不太會真的拿菖蒲根來洗菖蒲浴，所以只要想辦法大量萃取具有精油的成分就好，將熱水溫度設定在四十二℃左右，然後將菖蒲葉切碎裝入棉布袋或是紙袋當中，秘訣就是一開始要先下點功夫。

肉

在釋迦牟尼時代，肉也被當做是維持修行僧身體健康的良藥!?

「今天吃燒肉！」

不論是一家大小、職場同事、情侶也好，很多形式的夥伴都很喜歡一起圍在鐵板旁舉行燒肉派對，聊起天來也更起勁且笑聲不斷。大口咬下多汁的肉片，感覺又有活力來面對明天的一切。

其實佛教原本沒有禁止吃肉，在《四分律》有提到「三種淨肉」（註23），意思是有三種肉吃了沒有關係。意思是如果是為了自己而要殺害動物，只要是「不看、不聞、沒有遲疑」的肉就可以食用。而且在釋迦牟尼的藥箱裡，肉則是出現在「時藥（藥膳）」的清單上，因為肉是很重要的蛋白質攝取來源，而且是為了要保持身體健康相當重要的食物。

但還是有明文規定禁止食用的肉類（註24），這或許就是傳流於後世的不殺生戒的前身教誨，使得之後的佛教僧團都紛紛禁止食用肉類食物。

不過吃肉時的確是會讓人感到幸福的

梵語

मांस māṃsa

標準藏語

ཤ་ śa

漢譯：肉

一刻，而且科學也已經證明了這個事實的存在。那是因為肉類含有必需胺基酸所組成的「花生四烯乙醇胺」（anandamide）的這個物質，所以會讓我們產生幸福感。這個物質名稱在梵語由代表幸福和喜悅的「阿難」（ānanda）所演變而來。因為花生四烯乙醇胺（anandamide）是阿難（ānanda）與醯胺（amide）的合成字。

說到佛教的阿難，就會想到十大弟子的其中一人，名為阿難陀（Ānanda）的尊者。據說他長年擔任釋迦牟尼的侍者，而且還是個將所有的教誨都牢記在心的弟子。佛經之中的大部分內容都是靠著阿難陀尊者驚人的記憶力才能流傳下來。

而關於阿難陀尊者的出生故事也相當吸引人。尊者在出生時，所以人都相當高興的說出「阿難陀（幸福）！」這個字，所以就因為這股感動之情，而將他取名為「阿難陀」。其實這感覺是有些衝動的做法，不過真的能感受到兒子誕生的那份喜悅（這麼說來要是同樣情況在日本發生，那孩子不就要取名為「萬歲」？）。這個部分就不再多做探討了，只要知道吃了肉會產生跟阿難陀尊者名字一樣，讓人感覺幸福的物質會充滿整個身體就好。所以說肉類其實也有帶來幸福的功德啊！

那麼偶爾就大口吃肉，讓身體感受一下能吸收幸福的物質吧！祝福各位每天都能帶著笑容享受這樣的幸福感。

肉類所含有的脂肪酸能製造出讓大腦感覺幸福的物質！

大口吃肉的那股幸福感，一想到那個情景就興奮到口水就快流出來了。

但根據近年研究顯示，肉類會讓人體產生幸福感的物質，其實是花生四烯乙醇胺（anandamide）。

花生四烯乙醇胺是其中一種能夠將快感與幸福感等情緒連結的神經傳導物質，也被稱作是幸福物質。

而能夠產生花生四烯乙醇胺的食材則是有雞、豬、牛等肉類食物所含有的脂肪酸—花生四烯酸（arachidonic acid）。花生四烯酸是其中一種必需脂肪酸，因為人類的體內無法自行生成，所以必須從食物中攝取。

此外，烤肉時的香味也具有促進人稱酬償系統的多巴胺（dopamine）分泌的作用。

釋迦牟尼將肉類當做是藥材的這一點，對於很喜歡吃肉的我來說，真的是感到相當高興。

必要時能救治重要的人……果實被譽為萬能藥的感人故事！

訶梨勒

二月十五日是釋迦牟尼離開世間的日子，那一天寺廟都會掛上涅槃圖並進行法事活動。

涅槃圖是繪製釋迦牟尼入滅時情景的佛畫。畫的中間是釋迦牟尼躺在沙羅雙樹下的模樣，周圍眾多的弟子、信眾、天堂與地獄的居民、動物以及昆蟲等都顯得十分悲傷。視線稍微往上移動，會看到有位乘著雲朵趕來的婦人，她就是釋迦牟尼的生母─摩訶摩耶夫人，她是在釋迦牟尼出生一個星期後就過世。雖然無法好好哄抱自己的孩子，但她仍在天上一直守護著自己的兒子。

當釋迦牟尼要過世時，她為了拯救釋迦牟尼寶貴的生命，甚至還想帶著藥從天上急忙趕來，但最後判斷自己沒辦法及時趕到，因此她只能將裝在布袋裡的藥材給丟下來。但很不幸的是藥袋居然掉在沙羅樹的樹枝上，所以釋迦牟尼沒辦法拿到。據說摩訶摩耶夫人最後送給兒子的藥就是「訶梨勒」。

訶梨勒在日本的名稱叫做橄仁樹乾果，阿育吠陀將其當做相當卓越的藥材。而且訶梨勒也經常出現在許多佛經內容上，在《今光明最勝王經》有提到「訶梨勒能擊退所有病症，為藥中之王」（註25）。西藏醫學則是將其視為藥師如來的象徵，稱呼訶梨勒為「最棒的藥」、「萬能藥」。

而在日本則是奈良時代所流傳的秘藥，當時唐招提寺的鑑真和尚是一位

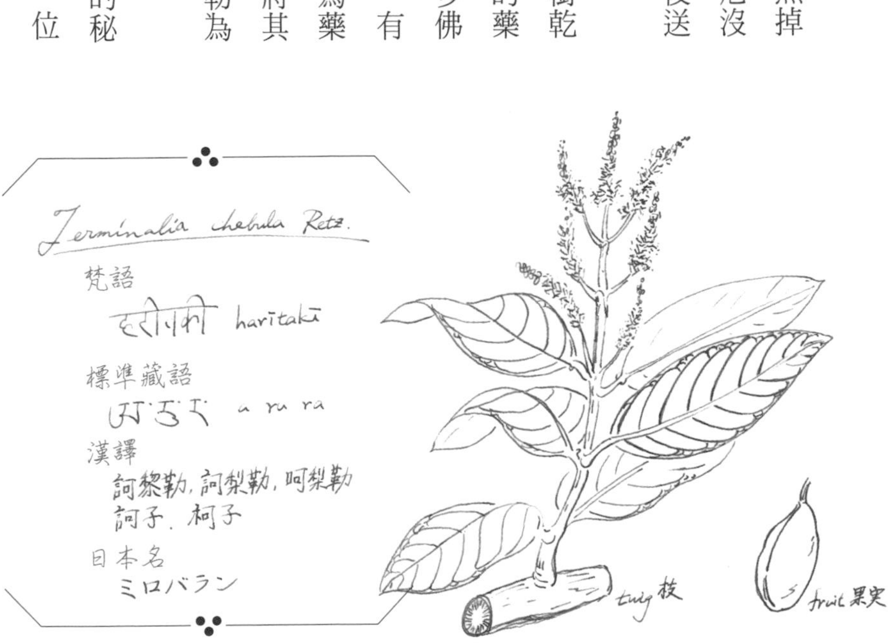

名醫，他並留下以訶梨勒為主要成分的秘藥——「訶梨勒丸」的處方紀錄。

而且這個訶梨勒現在還被收藏在東大寺的正倉院內。

這是在天平勝寶八（七五六）年，當光明皇后正在進行丈夫聖武天皇的四十九日法會時，以「正倉院寶物」身分捐贈給東大寺的物品。那個時候藥材名單上其中一種就是訶梨勒，由於獻物紀錄上記載的是「訶梨勒一千片」，所以應該是捐贈了有一千顆的訶梨勒。不過也因為是最棒的藥，所以被多次取出使用，現在僅剩下碩果僅存的一顆而已。

母親給兒子，妻子給丈夫。訶梨勒跨越了地域時代，仍舊是那個獻給珍貴之人的寶物。然而沒有留下紀錄，但是至今從正倉院被取出的九百九十九顆訶梨勒，那些人們應該帶著這樣的心情來使用的吧！

然後現在就只剩下一顆的訶梨勒，要是各位能夠有使用這顆訶梨勒的機會，你第一個人又會想到誰呢？

成為鑑真和尚雙眼的訶梨勒

將律傳至日本的重要推手就是鑑真和尚。有感於律的必要性的聖武天皇於是招攬了唐代有名的高僧鑑真和尚，而且還建造了唐律招提寺（從唐代轉傳律的寺廟，唐招提寺的前身），因此鑑真和尚便在日本傳授律宗教義。

鑑真和尚所傳授的就是《四分律》，他按照內容的做法讓聖武天皇和光明皇后受戒，然後有許多的僧侶也正式出家受戒。

鑑真和尚對於醫學和藥學的知識也很豐富，大多數的藥物都是從唐代輸入。而且在聖武天皇過世的一年前，鑑真和尚也以僧侶身分擔任醫生、藥師來負責照顧聖武天皇。

不過鑑真和尚有好幾次都沒辦法順利搭船前往日本，據說在他第五次要搭船的時候還因此失去了視力，當時他就是利用訶梨勒的果實來作為自己的義眼（註26）。

菩提樹

釋迦牟尼頓悟瞬間看到的聖木，相當有效的非時藥！

十二月八日是釋迦牟尼頓悟的日子。持續六年苦行的釋迦牟尼因此失去了健康的身體，整個人瘦成皮包骨的脆弱模樣。因此他決定喝下牧羊女史嘉達所供養的奶粥，身體狀況也日漸好轉。從那時候他便開始在一大片茂密樹葉的大樹下靜下心來坐禪。據說釋迦牟尼就是在金星升起時驟然頓悟，而當時將他整個人包覆住的身後那棵樹，就是在釋迦牟尼頓悟（菩提）的瞬間長出來的樹，那就是「菩提樹」。

印度的吠陀聖典中的《阿闥婆吠陀》還讚嘆說：「從眾多神明座椅的天上菩提樹長出最棒的藥」。從此不難看出菩提樹在古印度就被視為神聖樹木，而且還是能當做藥材使用的多用途樹木。就連釋迦牟尼也認為菩提樹可以拿來作為「非時藥（藥用果汁）」使用。而印度醫學是認為菩提樹分泌出的液體具有緩和神經痛、發炎症狀與止血效果，西藏醫學則是將其拿來作為有效治療潰瘍和婦人相關疾病的處方。

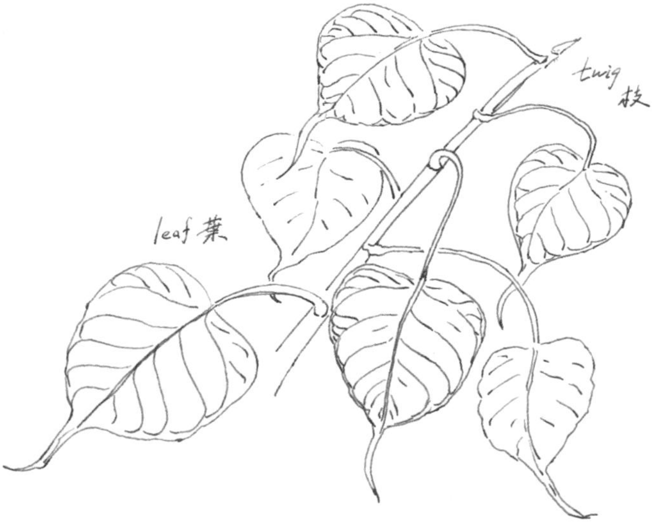

Ficus religiosa L.

梵語
अश्वत्थ aśvattha
पिप्पल pippala

標準藏語
ཨ་སྭད་ཐ a swat tha

漢譯 阿說他果

日本名 インドボダイジュ

英名 Boddhi tree

最初期的佛傳團其實找不到釋迦牟尼的身影，而是將這株菩提樹當做是他的象徵而雕刻出來的圖像。菩提樹是印度自古以來的聖木，而且幫助了釋迦牟尼頓悟，因此菩提樹就成為了佛教的神聖象徵。當菩提樹長到能夠讓人們遮風避雨的茂密程度，就可以拿來作為藥材使用，所以說菩提樹會讓人們萌生出憧憬與信仰真的是一點也不意外。隨著佛教廣泛地盛行，各地菩提樹的木頭也變得炙手可熱。

不過由於印度出產的此品種菩提樹（桑科的 Ficus religiosa L.）是屬於熱帶植物，因此很可惜的無法順利在中國栽種。所以就以葉子形狀相似為理由，轉而培植中國原產的其他種類菩提樹（椴樹科的 Tilia miqueliana Maxim.）。之後這個品種的菩提樹也流傳至日本，日本各地的寺廟都紛紛種起這個品種的菩提樹。從那個時候開始，印度原產的菩提樹就稱為「印度菩提樹」，至於作為替代樹的中國原產菩提樹，則是統稱為「菩提樹」，哎呀，沒想到最後居然是呈現反客為主的局勢。

但由於近年來地球暖化情況日漸嚴重，跟日本比起來較為溫暖的地區，反倒變得適合栽種原來的印度菩提樹。不知道對於這個地球暖化帶來的影響應該為此感到高興嗎？

將菩提樹視為釋迦牟尼分身參拜？

因為寺廟裡絕對會供奉釋迦牟尼像本尊，所以佛像參拜就成為寺廟觀光的重點之一。

對我們來說很習慣去廟裡參拜佛像，即便知道釋迦牟尼已經升天，不太可能存在於佛像當中，但心裡總還是會想找個能夠膜拜的對象。

首先可以先去參拜放置釋迦牟尼遺骨的佛塔。佛塔在梵語的說法是stūpa，也是法事等活動使用的卒婆塔語源。

接著就是參拜神聖的樹木，尤其是菩提樹總是會成為大眾膜拜的對象。

再來就是佛傳圖。佛傳圖是展現釋迦牟尼故事的雕刻圖，但是卻看不到釋迦牟尼的蹤影，而是由菩提樹和佛跡（足跡）、空著的台座等作為釋迦牟尼的象徵。

在此之後佛像創作就成為犍陀羅藝術、馬圖拉藝術的代表性作品。

菩提樹不管是本身或是在雕刻上，都成為了人們心中所認為的釋迦牟尼的參拜投射象徵。

釋迦牟尼的教誨

釋迦牟尼是在觀「緣起」佛法時悟道，
首次說佛法（初轉法輪）的內容，
為佛法中的「中道」與「四諦」。
從那個時候開始的四十五年間，
釋迦牟尼不分男女老幼、身分與階級，
對許多人傳授了相當多的教誨。
以下就從這些眾多的教誨中，
挑出「緣起」與「四諦」來簡單進行說明。

釋迦牟尼所觀的緣起就是「所有的一切都是原因，都是因為緣而發生」。

一切都必定有原因（因）存在，而要有結果（果）出現，就一定要有條件（緣）。

以下將其中的關聯性用植物的發芽現象來作比喻。

緣起

因—一切的原因。
↓（**緣**—條件）
果—現在發生的現象、結果。

（以植物做比喻）
因—從種子開始
↓（緣—空氣、水、適合的溫度條件下）
果—發芽。

這應該是連小孩都能看懂的簡單理論舉例。釋迦牟尼認為這個緣起的佛法能夠應用到人生問題面上。

四諦則是指四個神聖真理（諦）。

接著以疾病為例來作說明。

四諦

苦諦—對迷惘的存在狀態感到痛苦。
集諦—對永無止盡的煩惱感到痛苦。
滅諦—從煩惱中解放出來的狀態（涅槃）。
道諦—為了要從煩惱中解放出來的生活方式。

（以疾病作比喻）

苦諦—疾病
集諦—疾病的原因
滅諦—健康身體
道諦—治療方式

身體一旦有病痛（苦諦）產生就必須去醫院接受醫生的診療，查明染病原因（集諦）。然後被告知治療法，接著拿到處方，服用後就能調養身體（道諦），讓身體恢復健康（滅諦）。目的就是要恢復健康，以健康的身體為目標，瞭解自己生病的原因，然後施以適當的治療方式。

這個道理就跟我們會面臨到的人生問題一樣，瞭解感到苦惱的原因，為了讓苦惱的感受消失而選擇修行，釋迦牟尼便會引領我們到達安樂的涅槃境界。而修行的目的就是悟道和到達涅槃的境界。

其實釋迦牟尼的教誨是很簡單合理的想法。為了幫助我們走出苦痛，而站在醫學療法的觀點來提供意見，真的可以說是醫治心靈的醫生。

我們每一個人的煩惱都不相同，狀態和環境也都有所出入。因為每個人都有著各自的煩惱與苦痛，這就跟不同的疾病會有不同的處方籤藥和治療法一樣，我們要消除煩惱的方法當然也會不同。

釋迦牟尼就是因為要拯救許許多多的人，所以才會提出各種的意見，或許這就可能成為每個人面對煩惱時各自對應的處方籤吧。

衛生篇

釋迦牟尼的衛生學

佛教僧團基本上是過著團體的生活，因為十分崇尚釋迦牟尼的教誨，而吸引了社會各個階層的人們紛紛加入修行的行列。

修行僧們因為各自的生活與文化背景的不同，生活習慣當然也會有所出入。但是為了營造出能夠專注於修行一事的生活空間，從預防疾病感染的觀點出發，本身也需要具備公眾衛生的概念。因此釋迦牟尼會特別在意修行僧的健康管理、生活空間周遭的清掃，以及共用設施保持清潔等生活場所衛生管理事項。

這個章節是從衛生的觀點來觀察修行僧的日常生活，會發現到釋迦牟尼時代的公眾衛生概念其實和近代十分相似。

頭髮

近年來似乎有越來越多人會到寺廟觀光，因為經過清掃後的乾淨空氣能讓整個人精神為之一振，看到神明那充滿慈愛的神情，內心也能獲得平靜，所以才會有那麼多的年輕女性如此熱衷於拜佛行程。

不過各位知道寺廟裡的佛像可以分為四個種類嗎？可分別歸類為「如來」、「菩薩」、「明王」和「天部」。

如來—能讓你悟道的佛（釋迦如來、阿彌陀如來、大日如來等）
菩薩—為了拯救人們而出現的佛祖化身（觀世音菩薩、地藏菩薩等）
明王—制裁邪惡的佛教守護者（不動明王、愛染明王等）

天部—佛教的守護神（阿修羅等八部眾、四天王等）

如果再加上「高僧」像就會有五個種類。而比較受到一般人青睞的參拜對象為如來和菩薩，而分辨這二種佛像的方法其實相當簡單。

首先要注意的是裝飾品，如來像通常身上會穿著樸素整齊的袈裟，而大多數的菩薩像，則是頭上會戴上髮飾和脖子部位會戴上項鍊等的裝飾品，外表看起來比較新潮。由於菩薩像是以出家前的釋迦牟尼為範本，所以會穿著當時王室和貴族華麗的裝扮。

如來

菩薩

明王

天部

再來是頭髮的部分。如來像是螺旋短捲髮，而菩薩像則是留著長頭髮或是捲髮之類的髮型，唯一的例外是地藏菩薩的光頭造型。即使到了現在，僧侶基本上還是會剃髮，那麼在釋迦牟尼的時代，佛教僧團又是留著怎樣的髮型呢？

佛教僧團裡有所謂的剃髮人會幫忙剃頭，要是剃髮人太忙，則是允許修行僧互相幫忙或是自己剃頭（註28）。這個時候會使用名為庫拉（khura）的剃髮用剃刀。這個部分還有個有趣的小故事（註29）。

由於修行僧們是使用剪刀來修剪頭髮和鬍子，所以釋迦牟尼這樣表示：

「這麼做不好。」

因為有些僧侶只剪了頭髮，有些則是只修剪了鬍子。釋迦牟尼接著又這麼說：

「頭髮和鬍子都要修剪。」

因為有的僧侶會直接用手拔頭髮，有的會將頭髮留長，還有會用手指纏住鬍子轉動的僧侶。這些都是釋迦牟尼嚴禁的事項，此外也禁止用梳子來整理鬍子或是在頭髮上抹油。

「你們不要做出會讓我制定規則的舉動，有很多事都要特別注意，從今天開始要時常修剪鬍子和頭髮。」

但還是不知道修行僧的頭髮和鬍子要修剪到哪種長度，於是釋迦牟尼又這樣說：

「最長只能留到二根手指寬的長度，而且每二個月就得要修剪。」

因為禪道的修行道場有五天剃一次髮的習慣，所以我的頭永遠都是呈現光溜溜的狀態，不過在釋迦牟尼的時代裡，似乎也有頭髮留得比較長一些的修行僧。

眼睛

釋迦牟尼的藍紫色雙眼藏著慈悲為懷的胸襟，會讓人想被他的目光尋獲

釋迦牟尼的眼睛是什麼顏色呢？根據有記載釋迦牟尼身體特徵的「三十二相八十種好」內容，發現原來他的眼睛是藍紫色，而且他會「以慈悲的胸襟來注視眾生」（註30）。如果能被這樣的雙眼注視，感覺內心的不安和煩惱都能瞬間一掃而空。

而在佛經當中也是有關於釋迦牟尼眼疾的相關敘述。

釋迦牟尼下定決心出家之後，便離開了迦毗羅衛城。但是由於在此之前從來沒有釋迦族的王子出家過，應該不難想像當時大多數人民的悲傷情緒。釋迦牟尼的父親淨飯王因此而難過到精神恍惚，他的妻子耶輸陀羅王妃悲嘆地不斷哭泣。至

於撫養釋迦牟尼長大的母親——摩訶波闍波提，則是因為過度悲傷而失去視力。

有關失明的原因現在是認為有可能是青光眼、白內障，或是因為糖尿病所引起的併發症，不過合理推斷摩訶波闍波提應該是精神上的打擊過大，所以才會導致失明。

這當中還有這樣的故事發生（註31）。

有一頭姿態美麗，個性善良且很孝順的大象，因為實在太有氣質了，所以大家都稱呼牠是象龍王，牠跟父母幸福地生活。

有一次象龍王因為梵施王的命令而被逮捕，母象因為自己的孩子突然消失而拼命找尋其下落，但是怎麼找都找不到。

因為過度悲傷而發出淒慘叫聲的母象，最後眼睛也看不見了。失去視力的母象因為無法在象群中一起行動，因此被同伴們給拋下了。即便如此，這一頭看不見的大象，仍是在森林裡來回找尋自己小孩的下落。

另一方面，終於重獲自由的象龍王則是到處找尋父母的蹤影，最後回到象群中。然而牠卻沒有找到母親，於是牠也拼命地去尋找母親的下落，牠發出巨大叫聲來回搜尋。

這個時候認出小孩叫聲的母親知道這是在呼喊自己的聲音，於是牠也發出巨大叫聲來呼應對方，最後母子倆終於得以團聚。許久不見的母親身上沾滿汙泥，看起來十分狼狽。因為母親失明了，所以無法沐浴清洗身體。

於是象龍王便用鼻子從水池吸了大量的水來幫母親清洗，此時因為水花噴濺到母親的眼睛，而讓母親的眼睛變得乾淨清澈，因此恢復了原本的視力。

其實這頭象龍王就是前世的釋迦牟尼，母象則是養育他的母親——摩訶波闍波提。而且當釋迦牟尼還活著的時候，摩訶波闍波提得以和兒子重逢見面時，她也奇蹟般地恢復了視力。

鼻沖洗

利用釋迦牟尼所設計的灌鼻筒能改善鼻炎、眼疾和頭痛症狀!?

當花粉在空氣中四處飛竄時，真的會讓人感到極度不舒服，因此外出時都得口罩不離身。還會因為鼻水流不停，而不得不停止手邊的工作，仰賴藥物舒緩不適症狀，腦袋又會變得一片空白，這樣又不能專心工作了。整個晚上都睡不著，只能祈禱花粉季節趕快過去，應該有很多人都有同樣的經驗吧？因為這的確是對患有花粉症的人而言相當難熬的季節。

在釋迦牟尼的時代裡，也是會有深受鼻炎所困擾的修行僧（註32），他們在這樣的情況下就無法專注地修行，所以只好轉而向醫生求助。

「這個症狀必須灌鼻（鼻腔洗淨）。」

對方建議進行鼻腔沖洗的治療法，至於釋迦牟尼則是允許以「酥油（牛奶製成的油脂）」來清洗鼻腔。

這位修行僧雖然想要清洗鼻腔，但因為沒有清洗的器具，所以只能費盡苦心想辦法來清洗鼻腔。他用了樹葉和棉布，但還是沒辦法完全清洗乾淨。於是釋迦牟

Indian man cleaning
his nose.

尼便提出建議，要他「使用銅、鐵和錫來製作灌鼻筒」。

釋迦牟尼表示為了不要讓鼻子受傷，要先將前端尖銳處磨平，然後兩端做出尖嘴形狀。沒想到釋迦牟尼連醫療器具的製作都懂，真的是博學多聞。

而且有趣的是這個鼻沖洗器似乎還能夠治療眼疾，因此釋迦牟尼便將鼻沖洗器推薦給有眼睛疼痛症狀的僧侶使用（註33）。而且甚至還具有緩和頭痛的效果，因此他也將鼻沖洗器介紹給有頭痛症狀的修行僧，還告知對方詳細的鼻沖洗器製作方式和使用方法（註34）。

此外，作為釋迦牟尼主治醫師的耆婆醫生，也有留下利用鼻沖洗器治療頭痛的記錄（註35）。

◆◇◆◇◆◇◆◇◆

有一位十二年來都為頭痛症狀所苦的富裕夫人，但是她看了許多的醫生都無法完全治癒，聽到這個消息的耆婆便前往這個有錢人的家中。他表示自己能夠治好連老練的醫生都無法根治的頭痛，試圖想說服對方願意讓他看診。而且還提出可以由對方決定看診費，只希望求得看診的機會。就在簡單的問診後，他也確信對方的病絕對能治好。他將加入膏藥熬煮的酥油灌進鼻子裡來作治療。接著夫人的口中就流出了酥油和唾液，如此一來，困擾夫人多年的頭痛問題就完全解決了。歡欣鼓舞的夫人還因此給了耆婆很多錢和許多禮物作為回報。

這就是被後世稱為一代神醫的耆婆最初的治療軼事，之後的耆婆則是因為負責治療王室而聲名大噪。然後就在他皈依佛教後而成為釋迦牟尼的主治醫生，期間也有許多出色的表現。

刷牙

一箭三鵰的刷牙用具，印度苦楝樹的樹枝口感苦澀！

走在印度的大街上，有時候會看見讓人大感驚訝的情景，像是嘴巴叼著小樹枝的人們。一大早的街上到處都是嘴巴咀嚼小樹枝的人，打聽之下才知道原來他們是在刷牙。

我張大眼睛露出一副很有興趣的樣子盯著他們看，然後對方就拿出小樹枝要我試試看。等到我將樹枝放入口中後，對方便嚷嚷著說：「沒錯就是這樣，先咬爛樹枝的前端」，原來如此，所以我就一鼓作氣開始咬起樹枝。「哇～好苦」一陣苦澀味瞬間在口腔裡散開。我只好將苦味給吐掉，瞬間身旁的印度人都爆笑出聲。他們在笑我這個眼泛淚光忙著吐口水的外來客的同時，還是一副淡定模樣地在咀嚼著小樹枝。

這是印度苦楝樹的樹枝，在釋迦牟尼的藥箱中則是介紹它是「盡壽藥」中的「苦藥」。在印度則是被用來當做是牙刷而有在販賣。其實這就等於是我們吃完飯時所使用的牙籤，只是他們所使用的並非像日本那樣前端尖銳的細牙籤，而是直接

Azadirachta indica A. Juss.

梵語　巴利語

निम्ब　nimba

標準藏語

ནིམ་བ　nim ba

漢譯　絍婆，楝木

和名　インドセンダン

英語　neem tree.

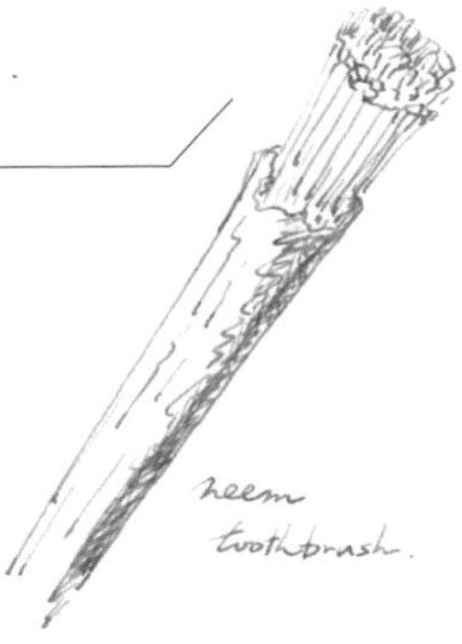

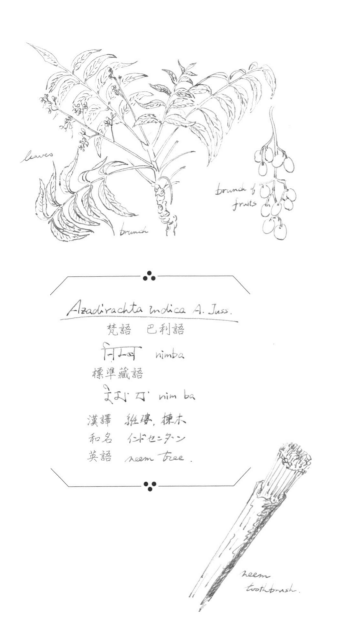

使用樹枝。前端就跟毛筆一樣粗，名稱為房牙籤。將前端樹枝咬爛，讓纖維軟化後再用來刷牙。而咀嚼所產生的苦澀汁液也具有牙粉的功用，刷完牙後因為樹皮破裂，還可以順便用來清潔舌苔，具備一箭三鵰的效果。

至於日本的刷牙文化則是在西元六世紀半跟著佛教文化一起飄洋過海而來，因為佛教僧團都必須養成每天刷牙的習慣。這就表示釋迦牟尼當時也是以嘴裡咬著苦澀的印度苦楝樹方式來清潔牙齒。一想到正在刷牙的釋迦牟尼模樣，真的會讓人嘴角不禁浮起笑容。

十三世紀的曹洞宗創始人—道元禪師好像也會使用這種房牙籤，在《正法眼藏》的「洗面」章節有詳細說明使用方式，並指出不刷牙會導致「嚴重的口臭」。而且道元禪師也有描述釋迦牟尼使用樹枝來刷牙，然後將使用過的樹枝投向大地，結果生出茂密大樹的故事，就是要證明刷牙這個舉動是由佛祖本人所流傳下來的習慣。而且還語氣堅強表示：「看到樹枝就等於看到佛祖本人！」

看來以後站在佛壇前，就一定要做好口腔清潔了，因為不想被道元禪師責怪說：「口氣不好！」

道元禪師的刷牙法

接著要介紹道元禪師的刷牙法（註36）。

將樹枝咬爛，摩擦上齒和下齒，仔細清潔。要經常清潔牙齒汙垢，牙齒根部、牙齦上方都應該要清洗乾淨，齒間要經常去除殘渣。平時多漱口保持口腔清潔。完成前述動作後再刮除舌苔（註37）。

另外還舉出在清潔舌頭的時候應該注意的五個事項。

一、不要刮三次以上。
二、舌頭一旦出血就停止。
三、手部動作放大，盡量不要弄髒衣物和腿部。
四、不可以在有行人通過的地方丟擲樹枝。
五、樹枝要丟在陰暗處。

道元禪師表示刷牙的這個習慣是釋迦牟尼與弟子堅持之下而流傳，所以說這也是實現佛法的方式。

可以預防口臭和眼疾!?養成刷牙習慣的優點

口腔保健

早在釋迦牟尼的那個時代就很強調口氣清新的重要，因為根據佛經記載，其實當時有許多為口臭而煩惱的僧侶。

導致口臭的原因主要是蛀牙、牙周病和口內炎等口腔疾病，還有腸胃、呼吸道疾病。雖然說口臭是自然的現象，不過一旦食物殘渣等污垢持續累積，就會產生雜菌而發出惡臭。即便唾液具有殺菌作用，但是卻無法改善臭味，而且在早上起床和空腹時唾液分泌量較少，所以在這段時間內都會明顯感覺到口臭情形比較嚴重。

而《十誦律》（註38）、《四分律》（註39）、《毘尼母經》（註40）則是有載明不刷牙會導致五種後果。

一、口臭。

二、咽喉累積汙垢。

三、痰等物質的堆積。

四、食慾不振。

五、患眼疾。

這些的確都是相當擾人的狀況。

所以釋迦牟尼才會要那些有口臭困擾的僧侶人要養成刷牙的習慣。而在教典（註41）上雖然內容不太一樣，但還是有列舉出以下三個刷牙共通的效果。

・改善口臭症狀。
・味覺恢復正常。
・避免罹患眼疾。

如果能夠改善自身的口臭情況，那麼就會連飯都覺得變好吃，看來刷牙還真的是很重要。但是為什麼口腔保健會和預防眼疾扯上關係呢？我因為才疏學淺，所以不太瞭解口腔與眼睛之間的因果關係，不過既然有可以預防眼疾的說法出現，那就應該更重視刷牙的這件事。

此外，描述西元七世紀佛教僧團實際情況的《南海寄歸內法傳》，則是有詳細記載當時的刷牙方式。（註42）

其中最讓人印象深刻的部分是有提到說「牙根的汙垢累積多時會變成硬物（就是指齒垢或牙結石），所以要定期去除」，有特別說明有關如何控制菌斑的記載。

然後就到了更重視口腔保健且技術也發達的現代，但其實早在釋迦牟尼時代，就開始親身實踐並強調刷牙的重要性。

唾液的清理

日本人是國際上公認相當注重公共衛生的民族，每當到了流感盛行的季節，多數人都會戴上口罩，刻意避免咳嗽時唾液的飛濺。

在釋迦牟尼的時代裡，關於唾液的衛生問題也有一套處理方式。據說釋迦牟尼規定修行僧不能隨處吐痰，而且要跟大小便一樣，禁止將唾液吐在茂盛草叢、蔬菜上等乾淨的場所或是水中。（註43）

因此就需要準備用來裝唾液的容器（註44），推估應該就是類似現在很罕見的痰壺之類的東西。不過即便是專門用來吐痰的容器，一旦直接將痰吐在容器裡，壺中的痰就會大量累積，看起來會讓人感覺不太舒服。

因此會在壺底放入灰燼、沙子和燒焦的東西，這樣就不會直接看到痰的存在，而且在清潔替換壺內的東西時也方便許多，看來還真的是十分注重衛生，真令人甘拜下風。

而且即便是在經行（步行修禪）的期間想要吐痰，還是得徹底實行將痰吐在唾壺裡的這個規定（註45）。因為釋迦牟尼明定不能邊走路邊吐痰，一定要在走到唾壺所在地才能將痰吐進去。

這樣看來，或許可以說佛教僧團的確是過著不會輸給日本人愛好乾淨且注重衛生的生活。

釋迦牟尼認為團體生活的管理基本原則是從徹底養成洗手習慣開始

洗手、漱口

為了預防疾病的感染，就必須養成洗手的習慣。不論是在幼稚園、學校、養護設施，以及職場等團體生活的場所都一定會極力提倡的觀念。

因為就連釋迦牟尼也都相當認同洗手與漱口的必要性。

他並且明確指出要以澡豆和樹枝來洗手和漱口（註46）。澡豆是用來清洗手腳的清潔粉，是將黃豆和紅豆等豆類磨成粉來使用（註47）。豆粉的用途就跟肥皂一樣，除了澡豆以外，還能夠將牛尿和灰土作為洗潔劑使用（註48）。而泥僧們則是會使用葡萄樹等樹木的樹皮來清潔身體（註49）。

而且還會特別強調進食前絕對要洗手，因為在印度有直接用手吃東西的習慣，為了要避免食物中毒或是集體感染，因此釋迦牟尼才會如此注重手部的清潔工作。

・早上起床後要立即洗手。
・進食前一定要洗手。
・不只五根手指頭，就連手腕也都要清洗乾淨。
・不要過於用力清洗。
・不要用力過頭洗到出血。
・洗完手若是碰觸不乾淨物品還是得再一次洗手。
・清洗完畢之後應該讓手保持乾燥（註50）。

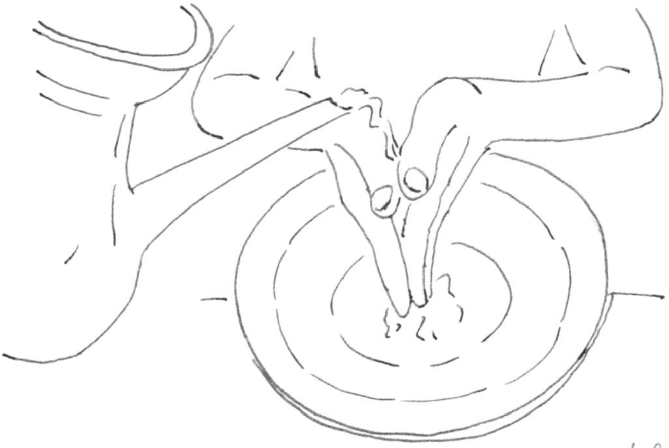

hands-washing before meal, India

規定得非常仔細，感覺要達到滴水不漏的狀態。簡直就像是研究細菌的專家學者，或者是手術前的外科醫生一樣。如果將這幾項要點製成大海報，似乎也能直接貼在學校和職場的洗手台來達到宣傳效果。

而洗完手後下一步就是要漱口了。

有人問釋迦牟尼說：「清洗口腔又該怎麼做呢？」

他是這樣回答的：「讓口中的水繞轉三遍。」（註51）

就是讓口中的水沖洗三遍，其實就跟現代的漱口方式一樣。釋迦牟尼跟修行僧們原來都同樣會噘成鴨子嘴漱口，讓人不禁想像起這個有點模糊的情景。

其實很驚訝在釋迦牟尼的時代，團體衛生的概念就已經如此發達，而且還能化為實際行動。真的不得不稱讚釋迦牟尼那具有現代預防性醫學的卓越思考能力，因為他的確是相當注重僧侶們修行環境的公共衛生。

指甲的修剪

釋迦牟尼對於指甲的修剪其實有給予一些建議（註52）。

・要修剪指甲。

・指甲不要留太長，不要剪太短。

・指甲的前端不可修剪成尖銳狀。

・不可以將指甲磨得光亮。

・不可以將指甲染色。

因為要避免出現修行僧指甲留長會劃傷他人，或是劃傷自己的情況，所以原本就有禁止將指甲留長的規定。

或許就是因為要避免僧侶們產生美化指甲的想法，所以才要對指甲修剪做出規定，而且從後面的三項內容，其實不難看出佛教僧團已經預見了日後指甲藝術盛行的風潮。

修行僧人數眾多，其中應該也多少會有想要讓自己的指甲變好看的人。但是卻被禁止做出這樣的舉動，只能帶著微笑接受這個事實。

但我還是對於生長在二千五百年前的釋迦牟尼所生活的那個時代，居然已經產生與現代相通的指甲藝術美感的這件事，感到相當有興趣。

這麼說來仔細想想，佛經內還真的有不少和現代我們所熟知的價值觀和美學意識共通的部分。這也讓佛經的內容感覺不像是在描述久遠的年代，而是相當跟得上潮流，更沒有距離的思想。

掏耳朵

遵守安全的掏耳方式，而且要定期保養器具

我待在倫敦的那段時間，曾經有過因為用棉花棒掏耳朵而挖出黑色物體而大感驚嚇的經驗。一開始我以為自己生病了，但最後發現只是因為地下鐵的髒空氣所導致。

「那是因為空氣太髒，要不然我拿面紙塞在鼻孔給你看看。」

英國朋友這麼做之後，證實鼻孔裡面真的有黑色物體存在。但是我說的是發生在四分之一世紀前的事，現在的空氣應該已經變得乾淨許多，那個令人懷念的髒亂倫敦地下鐵（而且很常誤點），說不定已經變得煥然一新了。

耳垢是因為空氣中的灰塵等異物進到耳朵內，然後跟耳朵的分泌物混合後堆積在耳朵裡。會隨著生活環境的不同，而出現不同顏色的耳垢，我記得印度的耳垢好像是接近茶色。

那麼在釋迦牟尼所生活的那個時代又是如何呢？

在《十誦律》中有直接說明「摘耳法」，也就是掏耳朵的方法（註53）。

・不能用尖銳物掏耳朵。
・不能太用力。
・動作要緩慢進行。

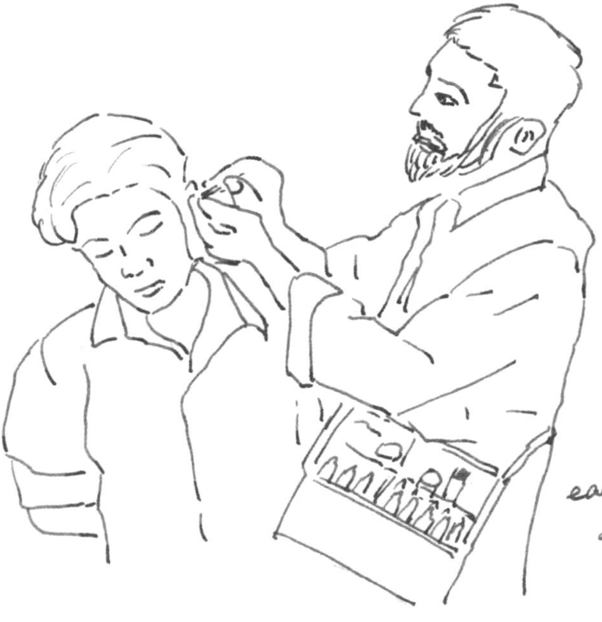
ear-cleaner
on a street, India

・不要傷到耳朵肌膚。
・命名為摘耳法・

這樣的注意事項所展現出的簡直就是小孩躺在母親腿上，掏耳朵時會感受到的那份關愛眼神，因為字字句句都顯現出釋迦牟尼的細心教誨。

那麼到底是怎樣的物質會被視為耳垢呢？《四分律》中的「挑耳篦」段落中，則是有記錄下用來作為掏耳器具的工具（註54）。

在修行僧們耳朵裡累積太多汙垢未清時，釋迦牟尼這麼說了：

「你們可以自己製作挑耳篦。」

可是看到僧侶們用高價的材料時，釋迦牟尼則是這麼表示：

「這樣做是不對的，應該要選擇骨頭、牙齒、動物角、竹子和木頭來製作。」

但要是工具使用後沒有清洗，釋迦牟尼又會這麼說：

「這樣不行，工具一定要清洗。」

如果工具洗好了沒晾乾，釋迦牟尼又會這麼表示。

「這樣不行，工具一定要晾乾。」

從上述的對話當中應該不難看出釋迦牟尼的苦口婆心教誨。因為掏耳朵是需要留心的舉動，因此在工具的使用上也要特別注意。

而且我也詢問了前面內容有提到的那位英國朋友說他們是怎麼掏耳朵的。

「我們都不掏耳朵的。」

什麼?那麼要是耳垢一直堆積那該怎麼辦?

「如果耳垢太多導致耳朵不舒服，那就去耳鼻喉科讓醫生幫忙取出就好了。」

真的嗎?應該只有你會這樣做吧!?

藥箱中的灰燼用途是作為治療『痔瘡』的藥方……

灰燼與魔法線

「師父，農田開始要播種了，可不可以給我一些灰燼？」

平常將農業當興趣培養的信徒這麼說。

「因為農田的泥土栽種作物後會變成酸性，必須加些灰燼才能轉為中性。」

這是什麼意思？

酸性要變成中性就必須加入鹼性（alkaline）物質。其中鹼性的這個詞彙的語源是阿拉伯語的 **al-gālī**，**al-gālī** 就是灰燼。所以說就是把鹼性的灰燼混入酸性的泥土當中，就會呈現中性。原來如此，終於搞懂這其中的化學變化。

因為灰燼當中含有大量的鉀、鈣、鎂等元素，所以撒上灰燼的農田能栽種出富

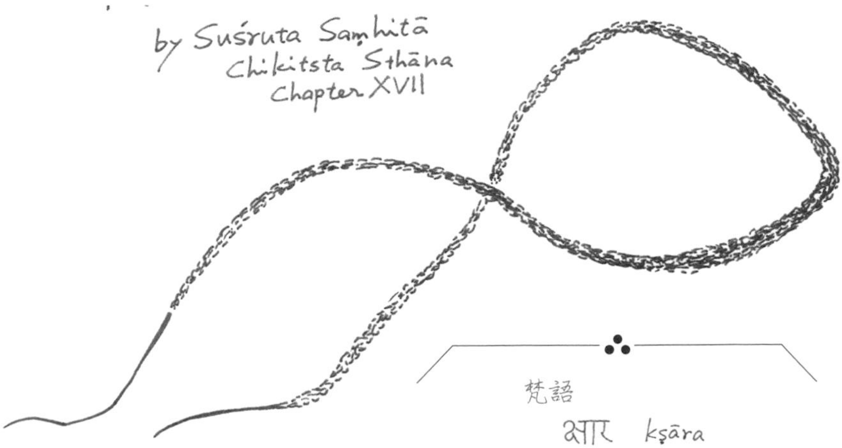

梵語
क्षार kṣāra
標準藏語
ཐལ་བ་ thal ba
漢譯 灰
和譯 灰

含礦物質的蔬菜。而日文中的「畑」（農田）就是「火加田」，有別於「水田」，而是被熊熊大火給覆蓋住了。而且的確有火燒農田的做法存在，所以說灰燼真的是可以被拿來當做肥料使用。

這麼說來動畫《妖怪手錶》裡的花開爺爺，也是將枯木的灰燼撒在田裡，現在想想那個動作就是將灰燼當成肥料在使用。看來花開爺爺也是個智者啊！

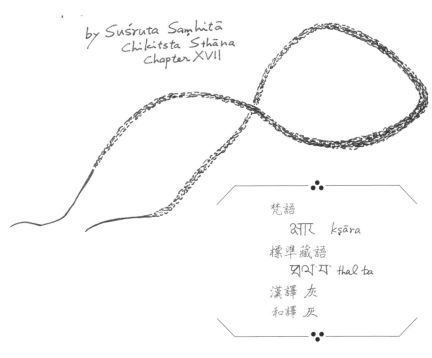

而灰燼則也有出現在釋迦牟尼藥箱的清單上，是屬於「盡壽藥」的「灰藥」類，而且還介紹了各種植物的灰燼。然而沒有從事農作的初期佛教僧團，就不會將灰燼作為農藥使用。那麼在當時灰燼到底是被拿來當做什麼藥使用呢？

難道是廟裡和尚容易染上的疾病？腦中浮現相當多的可能性，要不然試著用漢字來做聯想好了。寺廟裡的疾病？將「疒」加上「寺」就會出現「痔」，沒錯就是「痔瘡」。我直覺認為這個灰藥可能是用來治療痔瘡（註55）。

印度傳統的阿育吠陀醫學則是將痔瘡的治療叫做是 kṣāra sūtra，通稱為「魔法線」。因為會在這條線塗上好幾種的藥膏，其中一種就是灰燼。其實 kṣāra 就是灰燼的意思，所以說魔法線上最重要的果然還是灰燼。另外，中國的藥學書《神農本草經》也有利用灰燼腐蝕作用，而用來作為外用藥的敘述，看來從很久以前就已經掌握到了灰燼的治療效果。

釋迦牟尼之所以會將灰燼列入藥箱清單中，或許就是在為困擾修行僧多年的煩惱來找出解決辦法吧！

痔瘡的治療

《四分律》卷四十有記載耆婆醫生當時幫瓶沙王治療痔瘡的情況。

由於瓶沙王患有肛門出血的舊疾，所以被宮女們嘲笑說「國王生了婦女病」。國王因此感到羞愧，這時候年輕的耆婆醫生就出現了。耆婆醫生在鐵製的浴缸裡放熱水，然後要國王躺進浴缸裡。隨著浴缸的水面逐漸上升，醫生念著咒語，國王也開始昏昏欲睡。這時候耆婆醫生就用鋭利的刀片將國王的患部切除，接著清洗傷口並塗上膏藥。結果患部居然立即痊癒，還生出毛髮，傷口痕跡完全消失不見。然後醫生再次念咒語，接著國王就清醒過來。完全不知道發生什麼事的國王跟醫生說：「醫好我的病。」耆婆醫生回答：「已經治好了。」因為國王的痔瘡真的已經消失不見。

而且釋迦牟尼在世時，就已經懂得全身麻醉來為病人施行外科手術，真是厲害到叫人吃驚。

看護

看護的心得就是要以對待釋迦牟尼的態度來與病人接觸

住院時總是會有感於身體健康的重要性，一心只想要恢復身體健康趕快出院，所以會乖乖聽從醫生的叮嚀以及護士們的指示專心養病。

而釋迦牟尼對此則是有提出五項身為病患的心得（註56）。

一、態度不能差勁。

二、一定要遵守護士們的指示。

三、因為生病所以要懂得分辨什麼是可以吃和不可以吃的食物。

四、自動自發按時服藥。

五、自己要知道忍耐，懂得節量。

Sri Lanka bhikku
at Kushinagara.

然後也有提到照顧病人的五個心得。

一、態度親切，時常與患者說話溝通。

二、傾聽病人的想法並照做。

三、清楚瞭解各種疾病可以吃和不可以吃的食物。

四、為病人找尋藥物。

五、凡事忍耐。

這些其實是現代也能通用的心得感想。

釋迦牟尼會以溫柔的態度來對待生病的人，生病的僧侶也可以免除遵守一部分嚴格的戒律。在這邊要分享一個有關釋迦牟尼和生病修行僧之間的趣事（註57）。

有一位修行僧為了看釋迦牟尼修行的樣子而來，之後卻因為大小便失禁倒臥在床上。釋迦牟尼問對方怎麼了，才知道對方是因為生病體力不支躺在床上。

「沒有照顧你的人嗎？」

釋迦牟尼這麼問。

「在我健康的時候沒有幫忙照顧其他生病的夥伴，所以當我生病時也沒有人會來照顧我。」

生病的僧侶這樣回答。釋迦牟尼接著說。

「對病人當然要施予協助，要是修行僧在生病時，彼此都不願互相照顧，那要誰來照顧病人呢？」

釋迦牟尼說出這番道理。接著他就親自扶起生病的僧侶，而且還幫他擦拭身體的汙垢。之後還幫他洗好衣物並晾乾，整理床鋪保持清潔，打掃屋子裡的環境，將睡床鋪上新的乾草後再放上床罩，然後讓生病的僧侶躺臥在床，最後幫他蓋上被子。這時他對著其他的修行僧們這麼說：

「從今以後要好好照顧生病的修行僧，如果有想要供養我的人，就將這份心意拿去供養病人。」

這是多麼慈悲為懷的一段話啊！意思就是在與病人接觸時，要以對待釋迦牟尼的態度來照顧對方。這真的是能夠確實展現出釋迦牟尼慈悲善良胸襟的一個日常故事。

為保持身體健康，延長衣物使用期限，衣物的清洗相當重要！

衣物清洗

在印度的河邊經常會看到用石頭敲打漂亮紗麗和牛仔褲等衣物的人們，哼著歌做著手邊的工作。當我第一次看到這樣的情形時，真的驚訝到不禁直吞口水，因此便向導遊提出我的疑問。

「那是在洗衣服嗎？」

對方回答是。

「什麼?用石頭敲打衣物都能去除污垢?河水很混濁耶！」

「會嗎?可以洗乾淨喔。」

這其實是印度鄉下清洗衣物的習慣，導遊反倒一臉狐疑看著疑惑的我。而且還這麼說。

「近年來像是德里那樣的大都市都很流行用洗衣機，所以這些洗衣工人就沒辦法在那邊工作了，這個情況真讓人煩惱。」

對方嘆了一口氣。

「不是吧？應該是因為比起用混濁的河水和石頭敲打方式洗衣服，洗衣機比較能夠將衣物洗乾淨吧！」

「好像是這樣耶！」

沒想到導遊那麼容易就接受我的說法，不過這種洗衣方式真的也讓我確實見識到了另一種印度的文化衝擊。

washing clothes
at river, India

釋迦牟尼時代的佛教僧團也是相當重視清洗衣物的這件事，其中並針對清洗衣物列出了五項優點（註58）。

一、去除污垢。
二、避免長蝨子。
三、身體不會癢。
四、衣物能保持原色。
五、延長衣物的使用時間。

事實上也確實是如此，這些都是與現代相通的觀念，因為清洗衣物真的很重要。而釋迦牟尼則是表示：「要用心清洗，避免衣物損傷。」他認為因為僧侶身上所穿的衣物原本就是用破布所縫製的糞掃衣。由於糞掃衣是出家佛教徒的象徵，一定要好好對待，因此要是按照原先的石頭敲打清洗方式，則是會造成五項損失（註59）。

一、布料容易破損。
二、無法應付大量的勞力活動。
三、徒增煩惱。
四、無益且煩人的工作。
五、容易造成衣物破損。

結果還真的是如此！所以說不能使用石頭用力敲打的清洗方式。不但會損害衣物，而且還得花費大量體力。但其實一開始釋迦牟尼是允許使用石頭敲打的清洗法。

「不過大顆石頭會損傷衣物，所以最好還是使用小顆的石頭。」（註60）。

原來還是可以使用石頭來清洗衣物啊。

室內清潔

整理、掃帚清理、擦拭髒汙、陽光消毒，完整的打掃流程

在禪道的修行道場裡主要就是要坐禪和作務，所謂的作務就是指打掃。要穿著作務衣，頭上也要綁著作務毛巾，整個就像是在作戰一樣的打扮。跟著前輩僧侶和管理職僧侶一起用心打掃環境，而且要動作俐落細心謹慎。換句話說就是要保持沉默且動作迅速，展現出相當有效率的團體合作精神。我第一次看到這樣的情景時，真的是深感佩服。至於平常就不擅長打掃的我，當然也因此受到了相當嚴格的指導。

「你握掃帚的方式不對喔！」

「抹布擦拭動作要再用力一些。」

「方形的房間不要繞圈打掃。」

「窗戶的木條也都要仔細擦拭。」
「掃地時要看風往哪裡吹。」
「髒抹布和乾淨的毛巾不要搞混，味噌和糞便不要弄錯。」（乾淨的毛巾是用來擦拭佛壇等供奉佛像的地方，有別於擦拭走道等地的抹布。）

相較之下，我的笨拙打掃方式，還真的是讓指導人員大傷腦筋啊。但是經過一段時間後，我也開始認真如融入團體合作的行列當中。

a woman cleaning
the Pokhara
airport.

在《小品》（註61）中，釋迦牟尼有針對打掃的這件事提出細部的指導規則。首先是房間的部分。

・清掃精舍前要先確認裡頭沒有人。
・敲門後稍微等待看是否有人回應。
・接著打開木門，從外頭查看。
（一開始就很注重細節，接著是清除房間內的灰塵）
・床鋪和椅子先放到一旁。
・再放上寢具等用品。
・移動床鋪時小心不要碰撞。
・床鋪和椅子蓋上床單，移至一旁角落。
・接下來開始打掃。
（真的是相當謹慎。而且還有更細部的指示，以下為部分內容）

・清除蜘蛛網。

・窗戶和房間的角落都要清理。

・固定的牆面和床鋪有灰塵的部分，使用稍微沾濕的棉布擦拭。

・灰塵會越積越多，要盡快清除。

・精舍不能有灰塵堆積。

（而且也相當推崇日曬消毒方式）

・床墊曝曬於陽光下，拍打清除灰塵後再回歸原位。

・床鋪、椅子、棉被和枕頭同樣曝曬於陽光下，拍打清除灰塵後再歸回原位。

現在的修行道場和釋迦牟尼時代的佛教僧團一樣都是過著團體生活。為了讓每個人都能無後顧之憂地專注在修行這件事情上，因此會考慮到衛生方面的問題，而來下達細部的指導原則。看來有關打掃這件事的諸多注意事項就是打從釋迦牟尼那個時代就開始的。

飲用水

不需要殺死容器水中的蟲，就能夠喝水的方法是!?

我們的身體裡有三分之二都是水分，所以喝水是維持生命的必要動作。在日本很容易就能夠取得乾淨的飲水，但是在去過世界各地旅行之後，我才發現有許多衛生條件不是很好的地方，是必須利用積水、河川水或是混濁的水來作為飲用水。所以去到這些地方，都得特別注意盡量不要將生的蔬菜和自來水吃下肚，因為生水和自來水都不能直接飲用。那麼在釋迦牟尼的時代又是怎樣來取得飲用水的呢？

修行僧們被允許可以攜帶的六項物品當中，有一個就是「漉水囊」，就是用來過濾水的器具。釋迦牟尼規定水中只要有蟲就不能夠喝下，因為不能奪取蟲的生

命。因此為了能喝到去除蟲以及微生物的濾水，能夠過濾水的漉水囊就是必備用品。而漉水囊的製作步驟也十分講究，外型一定要是勺子型或是三角形，而為了要固定外圍架構，也有介紹其他的濾水瓶等器具（註62）。而且不可使用高價物品，材質也有規定（註63），感覺就像是大型布製的咖啡濾紙。

另外也有說明漉水囊所使用的布料材質，基本上都是以薄布為主，最推薦使用質地細緻的棉布，捐贈布料也以縫隙較小的材質為優先考量。而且布料是要二層到三層堆疊使用才能達到過濾效果（註64）。但如果這樣還無法完全濾掉微生物，釋迦牟尼建議還是離開那片土地（註65）。意思就是必須保證飲用水的乾淨，因為要保障修行僧的身體健康，衛生方面的問題當然要特別謹慎小心。

但其實只要煮沸過的生水就能當做飲用水，之所以會使用這個漉水囊，主要就是為了遵守「不殺生戒」，要展現對生物的那份大愛。因此若是煮沸生水將蟲子殺死，那就會是本末倒置了。由此不難看出釋迦牟尼對生命所展現出的慈悲胸懷。此外，有關濾水的部分，還發生過這樣的小故事（註66）。

◆◇◆◇◆◇◆◇◆◇◆

有二位修行僧為了見到釋迦牟尼而踏上旅途，他們口渴想要喝水時，卻發現取來的水有蟲子在裡面，但是二人都沒有攜帶漉水囊。其中一位僧侶因為實在太渴了，所以就將水直接喝下。另一位僧侶則是硬撐著不喝水，結果到最後卻因此送命。

之後釋迦牟尼聽聞了這件事，於是他便這樣跟修行僧們告誡。

「從今天開始旅行一定要帶著漉水囊，到附近可以不攜帶。而且也要帶著裝有濾水的木筒。」

接著他就對那位因為水中有蟲子，而忍住不喝水的僧侶說了這樣一段關愛的話。

「懂得辨是非不怠惰，持續精進自己的修行僧，就算已經到達彼岸，距離我相當遙遠，我仍是在每一刻都在注視著對方，所以我能感受到對方一直都存在於我的身邊。」

這真的是讓人會感到相當欣慰的一番話。

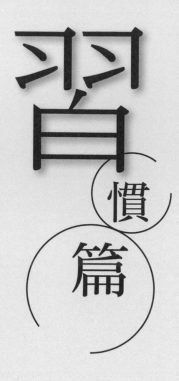

習慣篇

釋迦牟尼與弟子的生活模式

我們每天的生活中有80％以上都是以習慣為出發點的行動（註68）。在平常的生活裡，我們總是很難察覺到自己的習慣，於是便在不知不覺當中讓他人感到不愉快、產生受傷的感覺，或是增加公共場所的髒亂程度。

而且不好的習慣有時候還會給人際關係和自己的身體健康帶來不好的影響，所以說改變生活習慣是一件很重要的事。

在這個章節會介紹釋迦牟尼那個時代有些怎樣的生活習慣，還能夠瞭解弟子們的日常生活樣態。

包括有不知所措的僧侶、裝傻的僧侶等，有許多很有趣的小故事會一一介紹給大家，那麼就讓我們來更進一步瞭解當時的日常生活模式吧！

長壽、美容、活動力、消除煩惱，進食的效果相當多

食物的供養

在釋迦牟尼的時代，修行僧們能夠獲得相當多的施捨。尤其是「四事供養」（註69），這是指以食物、衣物、寢具和藥物為中心的捐贈。因為修行僧們每天都會出去托缽，所以信徒們會感覺施捨食物是生活中理所當然的一件事。其中描述釋迦牟尼前世故事的《本生》，就有提到一隻願意犧牲生命也要供養食物的兔子的故事（註70）。

很久很久以前，兔子、猴子、胡狼和水獺感情融洽地住在一起，有一天來了一

位乞求食物的僧侶。這四隻動物知道施捨是一件有功德的事，於是水獺拿出魚，胡狼拿出肉，猴子則是拿出果實來供養。但是兔子卻沒有拿出任何食物，而是決定燃燒自己，犧牲生命奉獻給對方，不過由於牠不想讓自己身上的跳蚤之類的生物跟著自己一起被燒死，所以牠大力抖了身體三次，

「請吃下我的肉，然後繼續朝著修行者的道路前進。」

兔子說完這句話後便跳入火焰當中。但是很不可思議的事情發生了，火焰突然變成白雪般酷寒，兔子身上連一根毛都沒被燒到。

其實這個僧侶是因陀羅的神，神讚許了兔子的表現，

「你所展現的偉大胸襟會永遠被世人所記住。」

接著月亮上就出現兔子的身影，所以直到現在看到月亮，就都會聯想到兔子。而且這隻兔子轉世後就成為了釋迦牟尼，至於其他的猴子、胡狼和水獺則是轉世後都成了釋迦牟尼的弟子。

為奉獻而犧牲生命聽起來或許稍微極端了一些，不過兔子施捨的這個功德，卻也因此持續流傳於後世。

還有就是信徒們往往會為了過世的父母親或兄弟姊妹來準備食物，所以會特別將食物以供養名義施捨給僧侶，但要是僧侶做出不好的行為，有些信徒也會因此大發雷霆（註71）。因為僧侶只能透過信徒的捐贈來獲得食物，所以要累積一定的修行，而且必須行事端正。

eating meal
at Thai temple.

進食禮節

釋迦牟尼對於飲食的禮節相當嚴苛。當時的佛教僧團不能自己煮飯，而是要以托缽的方式獲得食物，也可以接受信徒招待到對方家中作客。

但由於是以客人身份到信徒家用餐，所以為了不要惹主人生氣，就必須要表現得有禮貌。

但還是有少數僧侶會不懂得禮貌，而做出不好行為的僧侶，還會因此遭到釋迦牟尼的訓示。

以下介紹其中一部分的內容（註72）。

・不可以玩弄口中的食物。
・不可以將米飯弄成大大的圓形。
・禁止先伸出舌頭來先嚐食物味道，再放入口中的行為。
・在下一次進食前不可以張大嘴巴。
・已經放入口中的食物不能再放回食器上。
・不可以邊吃東西邊説話。
・吃東西不可以舔吸手指。
・咀嚼食物不可以發出太大的聲音。
・不要直接吞食，食物會塞住喉嚨。
・不要讓食物掉落。

這些都是與現代習慣相通的內容。所以説還是得要確實遵守進食的禮節，以適當的方式吃東西。

飲食過量所造成的肥胖會對身體、心靈和睡眠帶來不好的影響!?

肥胖與減重

肥胖是過度飲食的現代文明病，不好的生活習慣會引發腦中風、心肌梗塞、糖尿病等疾病。多餘的脂肪附著於身體，會對骨頭和關節帶來多餘的負擔。為了遠離肥胖，就必須注意飲食多運動，應該有很多人會這樣鼓勵自己。

一旦脂肪堆積在喉嚨周圍，呼吸道就會變窄，即便醒著的時候身體活動一切正常，但是在睡覺時卻會因為肌肉鬆垮，而導致空氣無法順利進入呼吸道，因此發出巨大的鼾聲，情況惡化時還會引發睡眠呼吸中止症。症狀就是在睡覺時呼吸會停止，雖然只是一時的停止呼吸，但卻是攸關生命的疾病。

釋迦牟尼的時代有一位波斯匿王，他是當時北印度其中一個強國—憍薩羅國的國王。這個波斯匿王體型肥胖，所以當釋迦牟尼來訪，國王前往祇園精舍時，他整個就氣喘吁吁一直猛冒汗。國王對釋迦牟尼這麼說：

「我太胖了請您見諒。」

「請減少食量，每一餐都不要吃太飽。這樣不僅消化功能會變好，還能延年益壽呢！」

釋迦牟尼向國王提出這個建議（註73）。

因為只要降低食量就能有效控制體重，不要吃下過多的食物，身體當然就不會變胖。像是禪道的修行道場每天都是粗食淡飯，在我修行的那個年代，早上只能吃玄米粥，午餐是麵類加上一道菜，晚餐則是白飯加味噌湯，每餐的份量都很少。不但量少，而且還都不能吃肉、魚、蛋等食材所做成的餐點。我那個時候不到一個月體重就下降了有十公斤以上，但即便如此，我仍是將所有的專注力都放在修行上。但不曉得是不是因為隨時緊繃神經，身體狀況也沒有因此出現大問題，每天都過著相當充實的日子。那個時候我才真正意識到以前的我吃太多東西了，因為即便我稍微減少每天的飲食量，我的專注力卻一點也沒降低。反倒是感覺整個人身體變得輕盈許多，精神也變得比以前還要好。所以說改變飲食習慣，確實能夠重新導正生活中的基礎狀態。

而釋迦牟尼也有在別的教典提出必須將波斯匿王過度飲食引以為戒的想法（註74）。

「食量大的人身體會變得笨重，心態也會因此開始怠惰起來。這會讓自己過去以及未來的人生失去好的東西。不但會睡得不好，還會對他人造成困擾，起床後的精神狀態也會變糟。因此必須視狀況來減少飲食量。」

飲食過量不但會對身體和情緒帶來負面效果，體重一旦增加，身體的活動也會變得困難，連帶使得整個人的心態開始怠惰。

而且肥胖也會對睡眠品質造成影響，所謂的「睡得不好，還會對他人造成困擾」，就是指發生巨大鼾聲，進而引發睡眠中止症的情況。原來早在釋迦牟尼的時代，就已經知道了肥胖會導致睡眠時的危險性，看來這的確是值得讓人去省思的問題。

佛教有『不能喝酒』的戒，那麼般若湯到底是什麼？

酒

不許葷酒入山門（禁止葷食與酒進入山門）。

禪寺的門口有一座刻有這些文字的石塔。

意思是「葷食與酒都不可以帶進山門」，葷食是指大蒜、蕗蕎、韭菜等氣味強烈的蔬菜類食物。因為這些葷食與酒類都會妨礙修行，所以都不能出現在禪寺內。因此才會在入口處呼籲大眾不要攜帶這些東西進入。

反觀基督教的彌撒儀式，則是會喝下象徵基督血液的葡萄酒，而且神社裡在舉辦結婚典時，也免不了會拿出酒來慶祝。酒與宗教的關係看似緊密，但是伊斯蘭教卻嚴禁酒。就連印度的印度教也是將酒列為違禁品，那麼佛教又是如何呢？

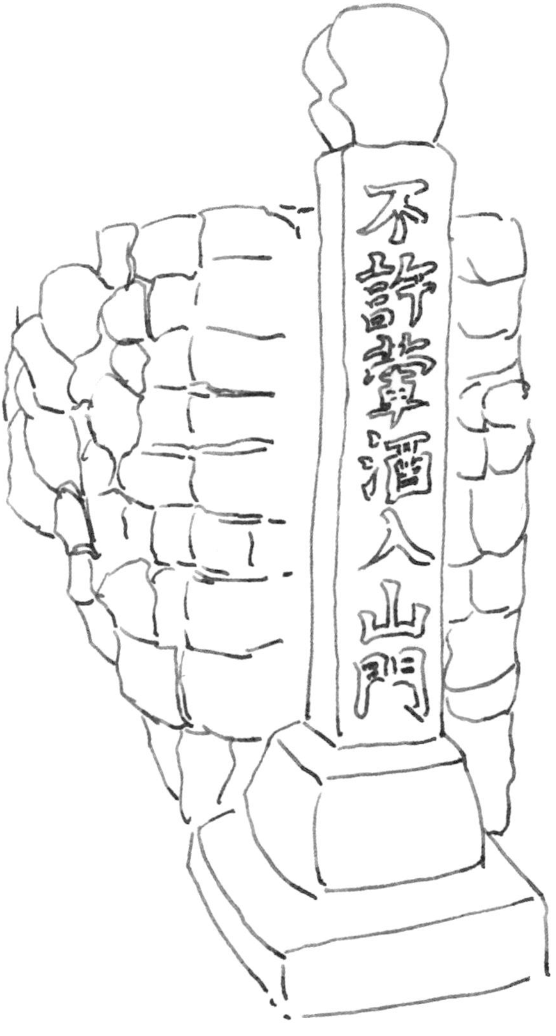

佛教的在家修行信徒有規定必須遵守「五戒」（註75）。

一、不殺生戒—不能殺害生命。
二、不偷盜戒—不能偷東西。
三、不邪淫戒—不能有邪念發生性行為。
四、不妄語戒—不能說謊。
五、不飲酒戒—不能喝酒。

沒錯，酒在佛教裡同樣是嚴禁物。

基於這樣的理由，釋迦牟尼則是提出了三十五項的飲酒缺點（註76）。雖然我是覺得不必那麼誇張，但是看到當中細數飲酒會引發紛爭、失去羞恥心、因慾望而暴衝行動、失去智慧等失控行為，我真的也無法做出辯駁。

但其實有個例外存在，那就是「藥草酒」。為了達到治療效果，病人是允許能夠使用酒（註77）。而且還介紹了聞酒的香氣、使用酒來清洗身體，以及吃酒餅的治療法（註78），不過這要在其他藥物無法治療的情況下，才允許可以使用酒來治療（註79），所以只能算是特例中的特例，千萬不要太沾沾自喜。

不過不曉得各位是否有聽過「般若湯」？般若（prajñā）是代表智慧，所以般若湯就是有智慧的飲料，其實不具有任何意義，就只是酒的隱藏代號罷了。因為禁酒令不能光明正大喝酒，所以僧侶才會顧慮到世間感受，而創了這個詞彙。

「這不是酒，而是智慧的飲品，是通往般若的道路！」以這樣裝傻的態度來將自己喝酒的行為合理化，還真的是很有幽默感的智者。至於一開始所提到的「不許葷酒入山門」，甚至還有強辯者硬是將其解釋成「不許葷（不允許葷食），酒入山（酒可以入山門！）」，再次諷刺地驗證般若湯的效果以及般若的智慧。

這樣看來酒和宗教還真的是永遠都脫離不了關係。

洗澡

修行僧專用溫泉，將苦行時的汗水與淚水通通一掃而空

來到像印度這樣的熱帶國家旅行時，往往會在淋浴後洗去汗水時感覺通體舒暢，不曉得當地人是否有同樣的感受。從列車的窗戶經常可以看見當地的人們在河川與水池洗澡的畫面。

而在釋迦牟尼的那個時代，既沒有空調也沒有電風扇，走在坑坑疤疤的道路上，想必是渾身大汗，那個當下應該會很想要清潔身體，因為釋迦牟尼是相當愛好乾淨的人。那麼當時的洗澡文化又是如何呢？

有許多的佛教經典都有記載洗澡的效果，由此可看出洗澡的必要性與受重視程度（註80）。其中一個介紹是關於洗澡的五項功德（註81）。

一、清除污垢、
二、洗淨身體、
三、驅除身體寒病、
四、除風、
五、獲得安穩。

洗澡的好處不只是清除老舊廢物和清潔身體，也能有效改善虛寒體質，讓身心保持在舒適的狀態。這樣聽起來好像很對，不過好像似曾相似？

因為即便在現代洗澡一樣具備相同效果，不論是釋迦牟尼的時代或是現在，我們的慾望還是沒有改變。而且最好是在飯前洗澡會比較好（註82）。

Gṛdhra-kūta, Rājagṛha

至於浴室部分的心得（註83），則也是和從前的時代相同，不，或許應該說比起來還更加現代化。

・首先是浴室必須徹底打掃乾淨、
・舊水要更換成新水、
・準備柴火、
・浴室裡要準備好瓶瓶罐罐和坐椅等必需物、
・可進入浴室提供生病或是年老僧侶洗澡時的必要協助。

內容縝密仔細去考慮到衛生問題，而且也有結合照顧協助的要素，感覺不像是會出現在二千五百年前的想法。那是因為釋迦牟尼遠比我們想像中，還要更瞭解適用於現代的衛生學觀念。

王舍城是佛經裡記載的知名場所，這個地方在印度是非常珍貴罕見的溫泉地。在釋迦牟尼的時代，溫泉可劃分為三個種類（註84）。

・王溫泉─國王和王妃、釋迦牟尼和修行僧的洗澡場所。
・比丘溫泉─釋迦牟尼和修行僧的洗澡場所。
・象溫泉─大象和一般大眾的洗澡場所。

比丘就是僧侶的意思，所以比丘溫泉就是僧侶專用的溫泉，真讓人羨慕啊！應該是因為王舍城的瓶沙王是很虔誠的佛教徒，所以才會特別禮遇。不過提供專用溫泉的這項福利也未免太優渥了！

而佛教經典則是有提到桑拿浴這一類的蒸氣浴，以及泡澡溫泉浴的利用方式（註85）。內容指出河川和水池的洗澡方式不同，因此會將溫泉浴的目的定調為治療身體。

睡眠

受到善神眷顧，獲得良好睡眠的方法

據說人的一生有三分之一到四分之一時間都在睡覺，所以說如何擁有良好的睡眠品質確實相當重要。這部分的觀念在二千五百年前的釋迦牟尼時代也是相同，因為對修行僧而言，好的睡眠的確是很需要重視的事。

釋迦牟尼將睡眠分成二大類，也就是「好的睡眠」和「不好的睡眠」。至於實際的表現方式則是因為律而多所不同（註86）。其中《十誦律》有記載想要獲得良好睡眠的做法。

「沒有起邪念和憤怒，心情平靜不煩躁只想要睡覺。」

而且也提出良好睡眠會帶來的五個好處。

一、可以快速進入睡眠狀態。
二、清醒後精神奕奕。
三、不會做惡夢。
四、睡覺時會有善神眷顧保護。
五、醒來後對佛法的理解更清晰。

原來有好的睡眠就是有神明在保護你呢！這麼說只要不做惡夢，睡覺還真的是不錯。沒有比這些還要能夠打動人心勸人去睡覺的說法了，第五項的「醒來後對佛法的理解更清晰」，則是指起床後精神飽滿的樣子，這樣就更能理解釋迦牟尼的教誨。

相形之下，不好的睡眠又會怎樣呢？以下為《四分律》中描述「惡意睡眠」（參照註86）的內容，

Young monks, an afternoon nap at Thai temple.

一、做惡夢、
二、上天沒有眷顧保護、
三、佛法沒有進入心中、
四、變得缺乏正向觀念、
五、做夢途中會遺精。

如果睡眠真的出現這些狀況，那還真的是會令人傷透腦筋。做惡夢就代表沒有神明在保護你，而且釋迦牟尼那偉大的教誨也不會進入心中，性格也會變得消極，甚至會遺精。聽起來就讓人十分同情，難怪對年輕的修行僧而言，睡眠狀況會成為生活中極大的潛在威脅。

果然好的睡眠就是不要多想，將注意力都放在睡覺上，千萬不要躺在床上想東想西。

年輕的修行僧們，不要想太多，只要認真睡覺就好。這樣隔天一大早也不用偷偷摸摸地去清洗內褲了，我祝福各位都能有良好的睡眠品質。

隨著身體狀態的變化夢的顏色會改變

釋迦牟尼認為夢可以分為五個種類（註87）。

一、身體不適發燒時會做出現火焰和黃色、紅色的夢。

二、體內冷的氣多，會做水與白色的夢。

三、體內風的氣多，會做飛翔和黑色的夢。

四、對於自己周遭所發生的事很糾結，則會在夢中重現情景。

五、預知上天未來所會發生的事的夢。

會因為身體狀況的不同而改變夢的顏色，這真的是蠻有趣的說法。不過這倒是讓我很期待今晚會做什麼顏色的夢，對了，我好像真的很常做單一顏色的夢……

第五項也很有意思，因為從古代開始，夢境就被當做是神明的告知。因此以夢境來占卜未來的風氣也十分興盛，像是舊約聖經上所記載的「約瑟夫解夢」（註88）就十分有名。

到底上天所要傳達的旨意是什麼？這的確十分很吸引人，但相反地也會讓人感到害怕。要是真的能夠告知未來會發生的事，那就請告訴我樂透彩的號碼好了。如果有這麼好康的夢境，我倒是不介意常常做夢！

感覺上述內容簡直就是一本夢境大全！

佛教的步行——經行能有效促進消化

步行（經行）

我發現每次造訪印度的佛跡，都會出現有如公園一般的廣場。這是個有茂盛的綠色草皮，遠方的樹木對映著青空，讓視線更顯廣闊，充滿新鮮空氣且寧靜的空間。

柔軟的草皮上看得到各式各樣的人，到處玩耍奔跑的孩子們、看書的人、閉目養神的人、冥想的人、愉快聊天的人們，以及專注在聽僧侶傳教的團體，每個人都在享受著涼爽微風，然後各自度過寶貴的時間。

時間就這樣緩慢地流逝，可以看到在那棵大樹下，有一位安靜地緩慢步行的女性。她挺直腰桿，兩手在胸前交握，臉上帶著祥和的表情在行走。彷彿就像是有風徐徐地包覆在她的背後，與她和緩的步伐一起流動般，姿態相當脫俗，連帶使得我的內心都感受到那片祥和氣氛。這就是佛教中的步行—經行（註89）。

根據《南海寄歸內法傳》（註90）內容描述，西元七世紀末的印度還沒有出現在家出家的選項，所以大部分的人都會外出經行。然後透過經行讓疾病痊癒，還能提升消化機能。

而禪宗則是將經行列入修行的課題之一，因為長時間的坐禪會導致雙腿麻痹，還很容易陷入睡眠狀態。為了避免身體出現這樣的疲倦感，所以要進行一段時間的經行。

像是坐禪的一炷坐（一次坐禪以一炷香來計算時間，一炷香燃燒的時間約四十分鐘），就要完成五分鐘到十分鐘的經行，也就是在坐禪堂內來回行走。臨濟宗的做法是快速步行通過，而曹洞宗則是會配合呼吸，半步緩慢地前進。總而言之，經行就是所謂的步行坐禪，帶著心意一步一步往前邁進。

《四分律》（註91）的內容則是有提出經行的五個效果。

一、培養長途行走的體力、
二、能好好思考、
三、不容易生病、
四、幫助食物消化、
五、能夠進行長時間的坐禪。

《十誦律》（註92）也同樣有列舉出五個效果。

一、鍛鍊腿力、
二、有力氣、
三、不會生病、
四、幫助食物消化、
五、堅定意志。

walking meditation
under the tree, India.

其實內容幾乎相同，第二項和第五項的內容之所以有些差異，應該是因為《四分律》所要表述的對象為出家修行者，而《十誦律》則是在家的信徒。無論如何，經行的好處就是能讓我們的身體保持健康並穩定情緒。

即是在現代，還是有許多人為了避免出現因生活習慣而生病，或是想法改善疾病症狀、促進血液循環、肌肉耐力的維持與提升等好處，而相當推崇步行的這個運動。早上的公園也是會看到身穿運動衣氣喘吁吁的人們模樣，不妨就好好利用這樣的機會，放慢呼吸試著步行看看，溫柔的微風輕撫，眼前的風景應該也會讓你產生截然不同的一番感受。

從廁所的建造、利用方式到使用後注意事項的全面性指南！

如廁禮節

廁所在日文裡又稱為「川屋」，這個詞彙的由來是因為古代的日本是直接大小便在河川裡，因為河川就是天然的水洗廁所。直到懂得利用糞便堆肥前，一般來說，都是將河川當做是廁所來使用。

那麼在釋迦牟尼的時代，又存在什麼與廁所相關的情報呢？《摩訶僧祇律》則是有詳細記載了廁所的建造方式以及如廁禮節（註93），但由於內容篇幅還蠻多的，無法在此一一贅述，所以只會挑幾個重點介紹。

這是發生在釋迦牟尼來到舍衛城時的事。那時修行僧們都會隨意大便在路上，因為老百姓很厭惡這樣的做法，於是便批評說：「釋迦牟尼的弟子都跟牛和驢子一樣，會在所到之處隨意大便。」因此釋迦牟尼便下達指令要「建造廁所」。

〈廁所的建造方式〉

・不要面向北邊，而是要朝向東側。這樣可以讓西側和南側產生通風效果。

・直接在地上建造時只要往下挖洞，也可以在河川沿岸挖洞。

Sewerge at
Nālandā University.

・要建造二個到三個的廁所。
・在室內要設置隔板，不要讓其他人看到。
・附近設有能掛衣物的木條。
〈廁所的使用方式〉
・有便意時不要忍耐，直接去廁所。
・進入廁所前要彈指〈彈手指〉，已經在裡面的人要彈指回應（突顯敲門的重要性）。
・下一個人很急時，先進到廁所的人要禮讓。
・不能站著使用（男女皆是）。
・不可以在廁所裡讀佛經、坐禪和補眠。
・大小便和口水都要對準洞口，不可以弄髒兩側。
〈使用完畢後〉
・不可以用竹葉、蘆葦、木頭、骨頭擦屁股，而是要用不會刮傷屁股的光滑無尖銳處的東西擦拭。

・有痔瘡的人可以使用棉布、樹葉等柔軟物擦拭。
・離開廁所要洗手，所以要先準備好水瓶。

〈其他〉

・（男性修行僧）不能進入女廁。
・在外頭找尋廁所時，不能向年輕女性詢問。
・不得不在外頭如廁時，要背對同伴。
・在外頭如廁時，不可以順風而讓臭味飄散至別人身上，而是要在逆風處進行。

覺得如何？內容真的相當詳細呢！雖然覺得也管太多了，不過這些都是基於考慮到衛生面，以及會受到排泄功能影響的健康面，來徹底實行團體生活廁所禮貌為目的所制定的規則。除此之外，律當中還記載著許許多多生活各方面的建議。

後記

佛經的梵語是sūtra，意思是「棉線」。就是將內容為釋迦牟尼教誨的佛經比喻為紡織機的「直線」，時代、地域和文化等因素就是「橫線」。直線能確實地連接這一頭到那一頭，這就跟釋迦牟尼的教誨一樣無可動搖。接著有各種民族的橫線通過，彼此有節奏地相互編織，最終合而為一的成品，就是以佛教為名的緙織壁毯。從外觀上看來會因為地域和時代產生差異，而且還能突顯出每個人的觀點不同所編織出的模樣。

深入瞭解律的內容後，會發現佛教的這面編織物模樣又有了改變。有可能是幾何學中那有菱有角的模樣，或是有溫暖氛圍所包覆的模樣，還是五彩繽紛的模樣。讓人感受到當中所呈現出的既嚴苛卻又體貼而且容易親近的氛圍。

我是因為想要將與以往認知的佛教內涵有些許不同的地方介紹給各位知道，所以才會出版這本書。不知道各位是否能感覺到距今二千五百年前的釋迦牟尼教誨，就如同美麗的編織物那樣與我們的生活息息相關呢？

希望各位可以用輕鬆的心情來翻閱這本書，雖然我文中的用詞有時候比較誇張，請各位能慈悲為懷多多包容。如果此書能夠成為各位讀者與釋迦牟尼之間的橋樑，我也會感到相當榮幸。

最後我要向出版這本書時，給予許多幫助的 Dr.copa 小林祥晃老師，還有我就讀駒澤大學研究所時的恩師—奈良康明老師、曹洞宗綜合研究中心的古山健一先生、博學堂的 HIKITA YOSIAKI 先生，還有讓我有這次出書機會的河出書房新社，以及責任編輯、設計此書的所有人致上崇高的謝意。而且如果沒有和在《禪友》擔任編輯的三須勵法先生之間那不可思議的認識過程，這本書也不會誕生，再次說聲感謝。

太瑞知見　於長崎・口之津

〔解說〕

適用於現代的嶄新健康術

Dr. copa

我與太瑞知見先生認識的時間不算長，一開始我是因為在2014年透過臉書拜讀了太瑞先生所寫的《釋迦牟尼的藥箱》一書的內容，覺得內容很吸引我而產生興趣。於是我便趕緊加對方為臉書朋友，這時候才和太瑞先生有往來。我看了對方在臉書以及連載的雜誌文章，也有實際與對方見面聊天，每一次都有趣到讓人會驚呼連連。不管是釋迦牟尼的想法，或是傳授弟子們的教誨，都能和現代觀念相互連結，即使與當時的解釋有所出入，但仍是充滿無限樂趣。

其中像是釋迦牟尼一天只吃一餐，而且要在中午以前吃完的這件事。還有這本書的主題之一，釋迦牟尼所建議使用的藥物種類其實相當廣泛，並詳細說明吃藥時間以及頻率等規定。以及藥物其實也算是食物，所以同樣要在中午前吃下。下午就只能喝使用水果做成的藥用果汁，還將藥物分為只能七天服用的藥物，以及一生都能服用的藥物等總共四個種類，將這些藥物相互搭配，就能調配出適合某一生都能服用的藥物等總共四個種類，將這些藥物相互搭配，就能調配出適合某人的個人處方，這樣給予指導的方式套用在現代也相當合適，不，應該說是十分嶄新的健康術。

我認為這樣的智慧要讓更多人知道，因為現代社會有越來越多對身心健康感到困擾的人們，而必須要擁有這樣的思考方式。因為我本身也想瞭解更多相關的內容，所以才會如此推薦這本新書。

我也在第一時間就拜讀了作者原稿。其中釋迦牟尼所提出的打掃、洗澡、運動等方面的知識，也都有加入我所給予的意見，在此也要向太瑞先生在繁忙工作期間，還願意追加原稿內容一事來道謝。至於其他以藥物、衛生、習慣為主題的篇章，內容當然也都十分推薦。而且會讓人一直不斷往下讀，一下子就翻完整本書了。

應該有不少人是因為認為釋迦牟尼的教誨難以理解，而沒有接觸這一方面的研究吧？不過太瑞先生所寫的這本書，有別於其他市面上的書籍，即便是生長在現代，內容中還是有許多能夠套用在自身健康與生活的實用知識。太瑞先生本身是住持，同時也具備有精通藥學的藥劑師身分，所以書中有關藥物與健康的介紹都十分詳細易懂。這是本比我想像中還要有趣的書，我能保證和我自己所出版過的任何書籍相比都絲毫不遜色，相當高興看到這本書終於問世。

參考文獻

【序文】（十二頁～）

註1：《摩訶僧祇律》卷第二十三

註2：會因為律表記方式不同而有所差異。《十誦律》卷第三十九、《四分律》卷第五十八、《五分律》卷第十六、《摩訶僧祇律》卷第二十三、《根本說一切有部毘奈耶雜事》卷第十七

註3：會因為律表記與分類方式不同而有所差異。《十誦律》卷第二十六・醫法、《四分律》卷第四十二・藥揵度、《摩訶僧祇律》卷第三・明四波羅夷法之三、《五分律》卷第二十二・藥法、《根本說一切有部毘奈耶藥事》卷第一

【藥物篇】（二十二頁～）

註4：出自《根本說一切有部律》，會因為律分類方式不同而有所差異。

一日一食？（二十四頁～）

註5：《四分律》卷第十四

註6：《五分律》卷第八、《四分律》卷第十四

註7：《摩訶僧祇律》卷第十七

註8：《巴利律藏》波逸提法六十五條

米（二十八頁～）

註9：關於名稱有許多說法，《佛本行集經》稱其為善生，《佛所行讚》則是稱其為難陀。

粥（三十二頁～）

註10：風（vāta）為印度醫學理論中構成身體的三要素之一，其他二個要素為地（kapha）和火（pitta）。

註11：《十誦律》卷第十四

胡椒（四十頁～）

註12：《根本說一切有部毘奈耶雜事》卷第一

香蕉（四十八頁～）

註13：《大般涅槃經》卷第二十一、《維摩詰所說經》卷中・觀眾生品第七、《佛說普曜經》卷第四・出家品第十二等。

醍醐（五十六頁～）

註14：為一九八七年冬天，帶廣畜產大學生物資源化學科教授—有賀秀子為召集人的研究團體所進行的實驗。內容出自2014年十月號的《酪総研（一三二七）》

註15：吉田豊著《牛乳與日本人》十二頁

註16：《新撰姓氏錄》

註17：《續日本紀》

花蜜（六十頁～）

註18：《摩訶僧祇律》卷第三・明四波羅夷法乃三

註19：《五分律》卷第二十二・食法

餘甘子（七十二頁～）

註20：光明皇后的願文出自柴田承二論文《正昌院薬物とその科学的調査》

註21：鳥越泰義著《正昌院薬物の世界》一百一十六頁

菖蒲（八十頁～）

註22：《本草經集注》

肉（八十四頁～）

註23：《四分律》卷第四十二

註24：《四分律》卷第五十九內容中有提到禁止吃十種肉，包括有象肉、馬肉、人肉、狗肉、毒蟲獸（有毒的蟲和蛇）肉、獅子肉、虎肉、豹肉、熊肉和鬣狗肉。

訶梨勒（八十八頁～）

註25：《金光明最勝王經》授記品卷第二十三

註26：鳥越泰義著《正昌院薬物の世界》一百四十頁

菩提樹（九十二頁～）

註27：高田修著《仏像の誕生》

【衛生篇】（九十八頁～）

頭髮（一百頁～）

註28：《十誦律》卷第三十九、《四分律》卷第五十一

註29：《四分律》卷第五十一

眼睛（一百零四頁～）

註30：《十住毘婆沙論》卷第九

註31：《佛本行集經》卷第五十六

鼻沖洗（一百零八頁～）

註32：《根本說一切有部毘奈耶雜事》卷第十

註33：《十誦律》卷第三十八

註34：《四分律》卷第四十三

註35：《四分律》卷第三十九

刷牙（一百一十二頁～）

註36：《正法眼藏》洗面

註37：括弧內文字為筆者加註，漱口為原文

口腔保健（一百一十六頁～）

註38：《十誦律》卷第四十

註39：《四分律》卷第五十三

註40：《毘尼母經》卷第六

註41：除了前述的三部佛教經典以外，還有《五分律》卷第二十六、《增支部》卷第五、南傳《小品》卷第五等。

註42：《南海寄歸內法傳》卷第十八「朝嚼齒木」
註43：《四分律》卷第二十一、《摩訶僧祇律》卷第二十二
註44：《十誦律》卷第三十八
註45：《摩訶僧祇律》卷第二十二

洗手、漱口（一百二十頁～）
註46：《四分律》卷第三十三、受戒揵度三
註47：《十誦律》卷第三十八、五十六
註48：《摩訶僧祇律》卷第十七
註49：《五分律》卷第二十六
註50：《摩訶僧祇律》卷第十七
註51：《十誦律》卷第五十七
註52：《四分律》卷第五十一

掏耳朵（一百二十四頁～）
註53：《十誦律》卷第五十七
註54：《四分律》卷第五十三

灰燼與魔法線（一百二十八頁～）
註55：其實「寺」這個字是在中國的佛教進入日本前就已經存在的字，所以不算是與佛教寺院有直接關係的漢字。至於當時的「寺」字似乎指的是肛門（外界與內界的界限），所以「痔」才會用來表示肛門疾病。

看護（一百三十二頁～）
註56：《十誦律》卷第二十八
註57：《四分律》卷第四十一

衣物清洗（一百三十六頁～）
註58：《根本薩婆多部律攝》卷第六
註59：《根本薩婆多部律攝》卷第六
註60：《四分律》卷第四十九

室內清潔（一百四十頁～）
註61：《國譯大藏經》論部卷第十四、國譯小品義務篇第八

飲用水（一百四十四頁～）
註62：《四分律》卷第五十二
註63：《五分律》卷第二十六
註64：《摩訶僧祇律》卷第十五
註65：《薩婆多毘尼毘婆沙》卷第六
註66：《五分律》卷第二十六
註67：《摩訶僧祇律》卷第十八

【習慣篇】（一百四十八頁～）
註68：Chaoming Song, Zehui Qu, Nicholas Blumm, and Albert-László Barabási, "Limits of Predictability in Human Mobility",Science19 February 2010：Vol. 327

食物的供養（一百五十頁～）
註69：《增一阿含經》卷第十三、《佛本行集經》卷第一、《根本說一切有部毘奈耶藥事》卷第十等
註70：中村元監修、補充《ジャータカ全集》卷第四（春秋社）三百一十六話「ウサギ前生物語」、辻直四郎／渡邊照宏譯《ジャータカ物語》（岩波少年文文庫），參考「ウサギの施し」的改寫。
註71：《四分律》卷第十五
註72：《摩訶僧祇律》卷第二十二

肥胖與減重（一百五十四頁～）
註73：《雜阿含經》卷第四十二
註74：《大薩遮尼乾子所說經》卷第五

酒（一百五十八頁～）
註75：《長阿含經》卷第二、《佛說七佛經》、《根本說一切有部毘奈耶破僧事》卷第二、《摩訶止觀》卷第六上等。
註76：《大智度論》卷第十三
註77：《十誦律》卷第十七
註78：《毘尼母經》卷第十五
註79：《四分律》卷第十六

洗澡（一百六十二頁～）
註80：《增一阿含經》、《摩得勒伽》、《十誦律》、《溫室經》等。
註81：《十誦律》卷第三十七
註82：《南海寄與傳》卷第三
註83：《四分律》受戒
註84：《摩訶僧祇律》卷第十八
註85：《根本說一切有部毘奈耶雜事》卷第三

睡眠（一百六十六頁～）
註86：《四分律》卷第二為「善良睡眠」與「惡意睡眠」。《五分律》卷第二為「不會擾亂心思的睡眠」與「擾亂心思的睡眠」。《十律誦》卷第十八為「思緒平穩專注的睡眠狀態」與「思緒混亂無法專注的睡眠狀態」。

步行（經行）（一百七十頁～）
註87：《大智度論》卷第六
註88：《創世紀》第三十七章和四十章以後
註89：依據宗派將經行的日文發音定為「きょうぎょう」
註90：《南海寄歸內法傳》卷第三・第二十三章 經行少病
註91：《四分律》卷第五十九
註92：《十誦律》卷第五十一

如廁禮節（一百七十四頁～）
註93：《摩訶僧祇律》卷第三十四

PROFILE

太瑞知見

長崎縣出生，曹洞宗太月山玉峰寺住持、藥劑師、TAMAMINE幼稚園／孩童成長「TAMAMINE沙龍」／學童保育「TAMAMINE KIDS」園長。

九州大學研究所（藥學）、駒澤大學研究所（佛教學）畢業。就讀九州大學時曾休學一年時間，然後就背上背包前往歐洲、亞洲、印度以及大洋洲各國旅行。

到金澤市大乘寺專門僧堂修行後，接著回到原先擔任住持的玉峰寺，向檀信徒、一般民眾、學生與外國人指導坐禪與傳授法話。

而且還在每年玉峰寺本堂所舉辦的「禪與弦～坐禪與古典音樂會」活動擔任企劃、腳本以及演出工作。其中在平成十九年的音樂會上，還規劃了佛教徒和基督徒一起坐禪祈求和平的活動，還因此躍上了西班牙以及義大利的新聞媒體版面，甚至連梵諦岡新聞也都有刊載相關報導。

擔任古印度醫學書《Charaka Samhita》的部分內容翻譯，並在《藥用植物研究》、《阿育吠陀研究》、《禪與念佛》等雜誌上，以科學和佛教的新見解來發表論文和文章。而且從平成二十五年開始就在曹洞宗所發行的雜誌《禪友》撰寫「釋迦牟尼的藥箱」連載專欄。

興趣是畫畫和逗弄貓咪。

相關系列叢書

佛陀陪你練習不生氣
15X21cm　　208 頁
彩色　　定價 250 元

集結～蘇曼那沙拉長老最精華的開示

傳家之寶・燙金典藏版

日常生活瑣事常令你動怒嗎？能否有方法讓自己不要生氣？

14 天大腦更新！由「生氣腦」脫胎換骨成「幸福腦」

只要每天持續給予小小訓練，開發大腦的速度必定超過你的想像。經過了不生氣的練習後，將有如脫胎換骨似的變成不會生氣的人！

斯里蘭卡上座部佛教知名長老——蘇曼那沙拉，在本書中除了歸納出「如何不生氣」的精簡重點之外，更以日常生活中常見的事情為例，具體提出易於實踐的方法與妙招。

透過蘇曼那沙拉長老平易近人的說明與引導，為所有想要練習不生氣的人，提供一個最明確而具體的方法，陪伴與協助我們克服心中的怒氣，一起獲得心靈上的平靜、擁抱幸福快樂，找到「不生氣的自己」！

——當我們學會拋開情緒來看待每件事物，就不會再被忿怒蒙蔽雙眼。

也就不會再讓忿怒傷害自己、傷害我們所愛以及愛我們的每個人。

瑞昇文化　http://www.rising-books.com.tw
＊書籍定價以書本封底條碼為準＊
購書優惠服務請洽：TEL：02-29453191 或 e-order@rising-books.com.tw

相關系列叢書

不執著 身心靈排毒練習
15X21cm 224頁
單色 定價 280元

不安、不爽、不順利，都是因為被固執觀念鎖住了！

「放下」不是空話，必須從身心雙重調理！

心靈變脆弱，無法繼續往人生之路邁進，人就很容易產生懷疑與不安的心情。對自己的未來，亦即對生命本質的成長感到懷疑，對擴大幸福的人生目的產生疑慮。人不管心靈多堅強，往前邁進時都會懷著「恐懼感」。恐懼與不安的本質其實不一樣，恐懼是往前邁進時產生，不安是放棄前進時產生的心理變化。

本書將針對執著的本質進行解說，接著將針對為何會產生執著的根本原因進行深入剖析。大部份人只是了解其中原因就會感到如釋重負吧！其次，後半章節中將提出一些具體可行，有助於排除根本原因的好方法。介紹的方法都很簡單又具體可行，都是日常生活中馬上就能具體採行的方法。其次，書中介紹的都是一些可讓身心感到更輕鬆，持續採行不困難，甚至讓人覺得越做心情越愉快而想更積極地採行的方法。

請一定要好好地閱讀本書，實際地採行書中介紹的具體內容，讓自己從執著中解放出來，親自去體驗那種幸福滿滿的美好感覺。

瑞昇文化 http://www.rising-books.com.tw
＊書籍定價以書本封底條碼為準＊
購書優惠服務請洽：TEL：02-29453191 或 e-order@rising-books.com.tw

TITLE

釋迦牟尼的藥箱

STAFF

出版　瑞昇文化事業股份有限公司
作者　太瑞知見
譯者　林文娟

總編輯　郭湘齡
責任編輯　黃思婷
文字編輯　黃美玉　莊薇熙
美術編輯　謝彥如　朱哲宏
排版　曾兆珩
製版　大亞彩色印刷製版股份有限公司
印刷　桂林彩色印刷股份有限公司
　　　紘億彩色印刷有限公司
法律顧問　經兆國際法律事務所　黃沛聲律師

代理發行　瑞昇文化事業股份有限公司
地址　新北市中和區景平路464巷2弄1-4號
電話　(02)2945-3191
傳真　(02)2945-3190
網址　www.rising-books.com.tw
e-Mail　resing@ms34.hinet.net

劃撥帳號　19598343
戶名　瑞昇文化事業股份有限公司

初版日期　2016年8月
定價　280元

ORIGINAL JAPANESE EDITION STAFF

ブックデザイン　paige
挿画　太瑞知見
編集協力　早瀬澪　松井和恵

國家圖書館出版品預行編目資料

釋迦牟尼的藥箱 / 太瑞知見著；林文娟譯. --
初版. -- 新北市：瑞昇文化, 2016.07
192　面；14.8 x 21　公分
ISBN 978-986-401-110-0(平裝)

1.佛教修持 2.健康法

225.87　105011556

國內著作權保障，請勿翻印 ／ 如有破損或裝訂錯誤請寄回更換
OSHAKASAMA NO KUSURIBAKO
Copyright © Chiken Taizui
All rights reserved.
Originally published in Japan by KAWADE SHOBO SHINSHA Ltd. Publishers
Chinese (in traditional character only) translation rights arranged with
KAWADE SHOBO SHINSHA Ltd. Publishers through CREEK & RIVER Co., Ltd.